白金版

# 产品经理的第二本书

The Product Manager's Field Guide

Practical Tools, Exercises, and Resources for Improved Product Management

[美] 琳达·哥乔斯（Linda Gorchels） 著

吴振阳 等译

# 图书在版编目（CIP）数据

产品经理的第二本书（白金版）/（美）琳达·哥乔斯（Linda Gorchels）著；吴振阳等译. —北京：机械工业出版社，2017.5（2024.1重印）

书名原文：The Product Manager's Field Guide: Practical Tools, Exercises, and Resources for Improved Product Management

ISBN 978-7-111-56705-9

I. 产… II. ① 琳… ② 吴… III. 企业管理－产品管理 IV. F273.2

中国版本图书馆CIP数据核字（2017）第 084206 号

北京市版权局著作权合同登记　图字：01-2011-3947号。

Linda Gorchels. The Product Manager's Field Guide: Practical Tools, Exercises, and Resources for Improved Product Management.

ISBN 978-0-07-141059-7

Copyright © 2003 by Linda Gorchels.

All Rights reserved. No part of this publication may be reproduced or transmitted in any form or by any means, electronic or mechanical, including without limitation photocopying, recording, taping, or any database, information or retrieval system, without the prior written permission of the publisher.

This authorized Chinese translation edition is jointly published by McGraw-Hill Education and China Machine Press. This edition is authorized for sale in the Chinese mainland (excluding Hong Kong SAR, Macao SAR and Taiwan).

Copyright © 2017 by McGraw-Hill Education and China Machine Press.

版权所有。未经出版人事先书面许可，对本出版物的任何部分不得以任何方式或途径复制或传播，包括但不限于复印、录制、录音，或通过任何数据库、信息或可检索的系统。

本授权中文简体字翻译版由麦格劳－希尔教育出版公司和机械工业出版社合作出版。此版本经授权仅限在中国大陆地区（不包括香港、澳门特别行政区及台湾地区）销售。

版权 © 2017 由麦格劳－希尔教育出版公司与机械工业出版社所有。

本书封面贴有McGraw-Hill Education公司防伪标签，无标签者不得销售。

# 产品经理的第二本书（白金版）

出版发行：机械工业出版社（北京市西城区百万庄大街22号　邮政编码：100037）

责任编辑：杜若佳　　　　　　　　　　责任校对：李秋荣

印　　刷：固安县铭成印刷有限公司　　版　　次：2024年1月第1版第8次印刷

开　　本：170mm×242mm　1/16　　印　　张：15.5

书　　号：ISBN 978-7-111-56705-9　　定　　价：50.00元

客服电话：(010) 88361066　68326294

版权所有·侵权必究
封底无防伪标均为盗版

# 译者序

本书作者琳达·哥乔斯在多家企业从事过产品及营销管理工作，为许多国际知名企业做过咨询培训工作，对产品管理进行了长期深入的研究，具有丰富的实践经验和深厚的理论知识。本书就是其实践经验和理论知识的结晶。

本书对产品经理需要掌握的知识、技能和方法做了既简练又详尽的介绍。本书作者认为，产品管理是将企业的部分业务（如产品、产品线、服务、品牌和细分市场等）视为虚拟企业所进行的创业管理，其目标是获取长期的客户满意和竞争优势。所以，卓越的产品经理应具备五种能力：取得业绩、与人合作取得成果、确保市场导向、指导产品的"匹配"与功能和分清轻重缓急。本书围绕这五种能力展开了深入全面的探讨：制订战略计划、进行市场研究、分析产品及品牌组合、开发新产品、整合营销沟通和形成渠道策略等。

德鲁克常说，虽然答案会随时发生变化，但正确的问题不会经常变化。本书在各章列出了许多问题，通过提出切中要害的正确问题，巧妙地总结了产品经理的主要工作。当然，这些问题主要是为了引导读者进行深入的思考，并结合所在行业和企业的情况，提出自己的答案。

通过阅读本书，刚入行的产品经理可在最短的时间内对本职工作有一个全面的了解，经验丰富的产品经理也可参照本书来回顾总结自己的经验和教训。

也许有人会说，本书主要是为大型企业的产品经理撰写的，因为大型企业的产品经理需要更全面广泛的相关知识和技能。其实并非如此，中小企业的产品经理也需要掌握和培养大型企业产品经理所具备的知识和能力。这不仅能够促进企业的发展，而且有助于个人的职业发展。

目前，中国被誉为世界工厂，中国制造的产品遍布世界市场，中国的产品经理亟须掌握全面广泛的相关知识和技能，本书的翻译出版可在很大程度上满足这一需求。

阅读本书后，我们不难发现，虽然商业环境会发生很多变化，但本书所阐述的基本原则能够经受时间的考验。另外，作者具有非常深厚的理论功底和驾驭文字的娴熟技巧，这也体现在本书的特色上：文笔流畅、直观简洁、深入浅出、化繁为简。

本书是团队合作翻译的结晶。浙江师范大学张幼蓉、韩丽丽、陈源、陆燕参与了全书的初译，胡娴婕（第1～9章）、赵粟锋（第1～6章）、黄文妍（第10章）翻译了部分初稿；胡娴婕、赵粟锋、张幼蓉、陈源等又交换了译稿，核对整合了翻译初稿；在此基础上，郑瑶瑶（第1章）、杨露（第2～12章）对翻译初稿进行了进一步的校对修正。在翻译过程中，胡娴婕、赵粟锋做了大量的协调管理工作；吴振阳负责本书翻译的统稿，并对全部译稿进行了最终的审定修改。

本书翻译得到了作者琳达·哥乔斯热情的帮助和认真细致的指

导，她特意为本书提供了一些最新的相关资料。我们在此对他们致以诚挚的感谢和深切的敬意！

我们始终认为，翻译是个看似容易却很难做好的工作。在翻译过程中，我们力求做细做好，但还是会存在不少问题，敬请专家读者不吝批评并指正！

吴振阳

| 目 录 |

译者序

## 第 1 章　卓越产品经理的能力 / 1

取得业绩 / 4

与人合作取得成果 / 7

确保市场导向 / 13

指导产品的"匹配"与功能 / 16

分清轻重缓急 / 20

创业技能与特征 / 22

建立产品经理计分卡 / 22

## 第 2 章　项目管理和时间管理的基础 / 25

项目管理基础 / 26

时间管理基础 / 34

## 第 3 章　计划框架 / 41

明确范围 / 41

环境扫描 / 43

目标与目的 / 47

　　　　战略和战术 / 49

　　　　实施 / 53

　　　　跟踪 / 55

第 4 章　市场研究 / 59

　　　　建立信息来源网络 / 60

　　　　确定研究问题 / 61

　　　　研究设计及进度安排 / 67

　　　　确定现场研究过程 / 69

　　　　问卷设计 / 70

　　　　数据的搜集、编辑和编码 / 74

　　　　数据处理和决策 / 75

第 5 章　计划的财务基础 / 81

　　　　评估产品线 / 83

　　　　弹性产品预算 / 84

　　　　产品成本计算 / 87

　　　　评估投资方案 / 96

第 6 章　产品及品牌组合分析 / 101

　　　　产品线规划 / 102

　　　　品牌资产管理 / 107

　　　　全球产品计划 / 109

　　　　产品合理化 / 113

第 7 章　战略愿景和计划 / 117

　　　　战略思考 / 117

战略制定 / 121

战略实施 / 128

## 第 8 章 新产品的概念与开发 / 131

新产品的目标 / 132

创意形成 / 133

预测和概念筛选 / 137

概念完善和规格要求 / 144

样品测试 / 149

## 第 9 章 新产品上市指南 / 155

上市准备：尽早开始 / 156

上市实施：获取承诺和支持 / 171

上市后追踪：尽早调整 / 179

## 第 10 章 定价框架与策略 / 185

定价目的与目标 / 186

新产品定价 / 188

产品线延伸定价 / 190

价格决策因素 / 193

辅助性服务与选项定价 / 194

行业价格调降 / 194

价格变动 / 196

销售折扣 / 196

全球定价 / 198

## 第 11 章　整合营销沟通 / 203

营销沟通 / 204

品牌资产和定位 / 205

整合营销传播 / 210

销售支持材料 / 217

辅助性沟通活动 / 218

## 第 12 章　渠道策略 / 223

策略匹配问题 / 224

持续支持 / 231

# 第 1 章

# 卓越产品经理的能力

> 以高于他人期望的标准来严格要求自己。
>
> ——亨利·沃德·比彻（Henry Ward Beecher），19 世纪评论家

一般而言，产品经理职位的工作描述包括竞争分析和新产品开发等职责。[⊖] 这些职责明确了职位的要求，可用来衡量产品经理的称职与否。工作描述虽然确定了产品经理应该做什么，但没有说明他应该如何做，即影响业绩的个人能力。那么，为了成功地履行工作职责，产品经理应如何提高能力？卓越的产品经理需要具备哪些技能、知识和特征？产品经理的行为决定了业绩，而能力又决定了行为。

确定工作能力是个探索发现的过程。很多企业都是通过分析业绩卓越的产品经理来揭示其成功的"秘诀"，或广泛收集外部信息来确定职位所需的工作能力。内部分析有助于确定特定行业所需的能力，

---

⊖ 有关产品管理的组织结构和产品经理的跨职能角色的详细情况，请参见琳达·哥乔斯（Linda Gorchels）所著《产品经理的第一本书》的前三章。

而外部分析则会形成更广阔的视野，从而确定更高更全面的能力标杆。无论如何，产品经理的能力应与其业绩切实相关。或许最好的方法是从外部分析中确定产品经理的一般性能力，然后将其运用于某个特定的企业或行业中。[一]

我们先来看看产品管理的一般性定义。

**产品管理**（product management）是将企业的部分业务（如产品、产品线、服务、品牌和细分市场等）视为虚拟企业所进行的创业管理，其目标是获取长期的客户满意和竞争优势。

- 产品经理对该"企业"全面负责，但对能促成其"达成目标"的相关各方（如企业员工、供应商等）却没有直接的管理职权。
- 产品管理包括但并不等同于项目管理、新产品开发和销售支持。

根据这一定义，成功的产品经理需要具备哪些能力？若要成功管理相关业务，产品经理必须具备很强的业务技能。在对相关人员没有直接管理权的情况下，若要取得成功，产品经理必须具备与人合作的能力。若要确保客户满意、保持竞争优势，产品经理必须深刻全面地理解客户，并把客户意识灌输给整个团队。另外，产品经理还必须将客户意识转化为特定产品和服务的技术性要求。由于产品经理负责新产品开发、大量的项目和持续的销售支持活动，因此，他们必须具备良好的时间管理能力、项目管理能力和组织技能。

卓越的产品经理通常会具备某些能力，我们可将其归纳为五大类

---

[一] 有关竞争力的确定和运用方面的详细情况，可参见吉姆·克昌斯基（Jim Kochanski）所撰写的《竞争力管理》（*Competency-Based Management*）一文，1997年10月发表于《培训与发展》杂志（*Training + Development*），第40～44页。

行为能力（如图 1-1 所示）。这些行为能力与创业特征和技能密切相关，是产品经理做好工作的必备能力。这些能力主要体现在做好以下五方面行为：

- 取得业绩
- 与人合作取得成果
- 确保市场导向
- 指导产品的"匹配"与功能
- 分清轻重缓急

这五大类行为需要不同的能力，根据企业和行业的不同，其对产品经理的适用程度也会有所差异。参照你所在企业的优秀产品经理，并根据自身具体情况来提高某些基本能力，会对你大有裨益。本章将对这些能力进行概述，并在以后各章中对其分别进行深入阐述。

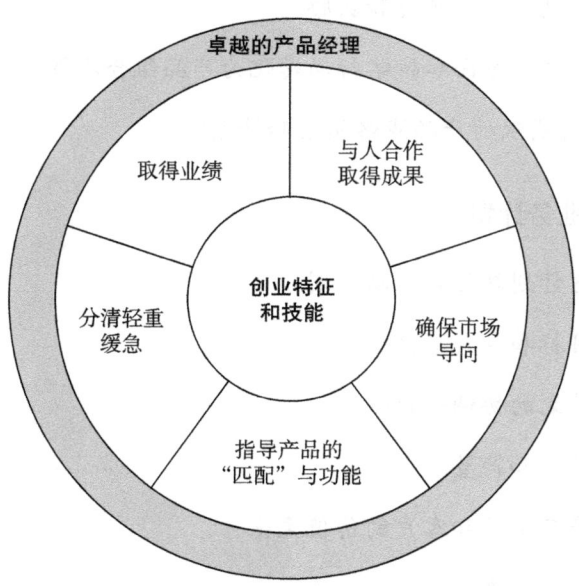

图 1-1　产品经理能力模型

## 取得业绩

产品经理的职责是监控产品或服务的各个方面,创建非同寻常的客户满意度,并为企业带来长期价值。其基本的业务能力(如战略、财务和计划等)对取得业绩至关重要。产品经理的各项基本能力列述如下。

---

### 第1大类能力:取得业绩的能力

**战略评估**

- 确定业务技能
- 确定和评估商业机会
- 准备背景材料,分析外部趋势
- 整合战略计划的假设和前提
- 确定关键问题、机会和威胁
- 将企业发展方向和战略行动转化为产品组合决策

我是否有明确的产品战略愿景和计划?

**营销和业务计划**

- 将战略计划转化为行动计划
- 明确目标和重大事件
- 确保计划的协调一致性
- 预测销量和产量
- 明确产品定位和客户的价值主张
- 制定定价策略

- 整合营销沟通（如商业展览、广告、公共关系等）
- 协助制定销售渠道策略
- 激发客户需求
- 制订应急计划
- 在预算内执行计划

我是否已将战略转化成可用收益和增长等具体目标来衡量的计划？

### 财务知识和技能

- 与财务和会计人员合作，确定产品的关键成本和收益
- 监测关键业绩指标（贡献、投资收益率、回收期）
- 对业务方案进行财务评估
- 评价财务分析和假设的意义
- 理解敏感性分析和相关业务风险
- 对差异报告（variance report）和分析做出回应
- 对运营活动和财务结果进行统筹整合
- 理解产品管理所涉及的财务指标，如产品边际贡献（product contribution margin）、利润、预算过程和投资收益率等

在进行产品决策时，我是否充分利用了财务指标？

### 销售知识和技能

- 客户筛选能力
- 分析重要客户业绩的能力
- 掌握销售人员销售过程的知识

在计划中，是否明确体现了我对销售过程知识的掌握程度？

由于可以用收益、利润和投资收益率等业务指标来衡量工作业绩，财务知识和技能可能是最为客观的。正因如此，业绩中的问题也是很直观的，这就要求产品经理更明确关注需要改进之处。其他能力相对更主观一些，需要努力提高自身素质。在讨论下一大类能力之前，应该花些时间来看看你是否具备这些相关能力，也就是取得业绩的一些能力。

## 相关练习

评估你在每一相关领域的经验和知识，并测定你的技能水平是哪一种：（1）有待提高；（2）基本胜任；（3）熟练精通；（4）出类拔萃。以下内容是本章每个相关练习中四种技能水平的标准说明。

（1）有待提高。产品经理缺乏某些与该能力相关的必要经验或技能。

（2）基本胜任。产品经理基本具备这些能力，并能掌握充分的知识进行深入讨论和参与决策。

（3）熟练精通。产品经理可以熟练运用这些能力，并在必要时能运用这些知识进行指导。

（4）出类拔萃。产品经理不仅能够熟练运用这些能力，还能提高这些能力。

现在，请你对"取得业绩"这一大类能力的每一属性进行自我评价：（1~4为分值）。

| | | | | |
|---|---|---|---|---|
| 战略评估 | 1 | 2 | 3 | 4 |
| 营销和业务计划 | 1 | 2 | 3 | 4 |
| 财务知识和技能 | 1 | 2 | 3 | 4 |
| 销售知识和技能 | 1 | 2 | 3 | 4 |

如果你没有在每一项上都获得4分，那么你的能力仍有值得改进之处。你可以制订自我提升计划来改进相关方面的能力。在该计划中，你可以阅读各类书籍、参加研讨会或课程学习、加入相关专业组织，或者参加能提高自身相关业务能力的委员会、民间团体和协会等。

## 与人合作取得成果

以上阐述的业务技能有助于取得业绩，但大多数产品经理必须与那些其无直接管理权的人合作才能实施计划。这类似创业者所面临的情况：需要运用人际关系处理技巧从银行贷款、外包制造业务、说服独立代表和分销商接受他们的产品，产品经理也面临类似的创业挑战，因此可将其称为"虚拟"企业的总经理。产品经理不该有委屈心态，怨天尤人，认为自己没有职权，驾驭不了任何事情，对任何事情都无能为力。这一点至关重要。产品经理必须对自己的领导能力及其他相关能力充满信心。

要与他人合作取得成果，产品经理就必须具备领导上级、下级和同级的能力。领导上级需要坚韧不拔的毅力，这是因为并非所有上级都虚怀若谷。如果产品经理的职责是推进企业的战略目标，那他就必须为高层管理者（可能是董事会）提供与产品组合相关的战略建议、及时意见和现实方案。迈克尔·尤西姆（Michael Useem）在《如何领导您的上司：双赢策略》(*Leading Up:How to Lead Your Boss So You Both Win*) 一书中对此提出了一些有用的建议。

### 领导上司的经验教训[一]

- ▶ 蔑视上司的结果必然是作茧自缚，处处受到牵制。
- ▶ 不传达上司的重要信息必将加大上级的工作难度，影响上司对你的信任。
- ▶ 上司需要的是行动导向。
- ▶ 学会在私下向上司提意见。这既容易使上司采纳你的意见，也能避免权力斗争。
- ▶ 如果你的决策有助于实现（组织）使命，那么也会对上司有利。
- ▶ 及时收集各方面的相关信息。若不向上司提供当前组织所面临情况的详细信息，上司就无法对下属的要求做出迅速、准确的反应。
- ▶ 如果对自己驾驭董事会的信任过于自信，就会夜郎自大，不再继续努力维持其信任。
- ▶ 请上司详细阐述那些不明确的指示，有助于你取得卓越的业绩。

---

[一] 详见迈克尔·尤西姆（Michael Useem）所著的《如何领导您的上司：双赢策略》，英文版由纽约皇冠商务出版公司（Crown Business）2001 年出版；中文版由上海交通大学出版社 2003 年 4 月出版。

《韦氏词典》将"影响力"（influence）一词定义为"以间接或无形的方式发挥作用的权力或能力"。有高效执行力的产品经理能够通过明确的沟通、专业知识、信任、承诺和追踪执行去影响别人。对于语言或口头沟通，我们需要注意以下几点。首先，各种行为举止会影响口头沟通。文字、音调和肢体语言都会影响所要传递的信息，其相对重要性会因情况而异。其次，沟通需要发送者和目标接收者共同完成。如果目标接收者没有听到或理解你所传达的信息，那么，你们就没有做到真正的沟通。因此，你需要问一些问题，以确保对方明白你所要表达的意思。最后，如果你能够换位思考，设身处地为对方着想，并积极聆听，那么你就能改善沟通。不妨想象一下诸如职能、层级或企业全局之类的热点话题，如财务副总裁可能想要了解决策对公司股价的影响，运营副总裁更关心决策会否带来产量的变化，而其他经理则担心决策会增加工作量。

我们再来看看影响力，产品经理必须积极确立和增加其影响的对象，并采取各种领导措施来争取其他人的承诺和支持。下列问题有助于产品经理做到这一点：

- 谁是业务成果的主要利益相关者？
- 与谁合作有助于达成目标？
- 这些人是你的盟友还是对手？他们同意你的观点吗？他们信任你吗？在此基础上你将怎样和他们进行因人而异的互动？
- 你期望从其他人那里得到什么，而他们又期望从你这儿得到什么？

对许多产品经理来说，销售人员也是非常重要的利益相关者。销售人员发展客户关系，并希望产品经理确保其产品管理决策不会损害客户关系。例如，决定中断某一产品线、改变定价策略或推出新产品，都可能会影响到某些客户。某些决策即使对整个企业的发展具有非常正面的意义，或对企业的长期发展有明显的促进作用，也可能会不受一些销售人员和客户的欢迎。产品经理必须竭尽所能处理好此类问题。这就要求他们通过技术能力、诚实和正直等建立信任，通过创建并利用销售"联盟"网络来获取承诺，并通过为销售人员提供适当的工具和激励来支持计划的执行。

尽管绝大多数产品经理没有或几乎没有直接下属（direct reports），但一些企业设有"高级产品经理"或"产品组经理"（product group manager）的职位，他们有直接的下属。居于这类职位的产品经理，雇用、培训和绩效评估是其工作职责。因此，培养直接下属的技能也应成为产品经理必备的工作能力。

---

### 第2大类能力：与人合作取得成果的能力

沟通能力

- 与不同类型和层级的员工及外部人员进行有效的书面或口头沟通
- 协调销售人员和技术产品开发团队
- 用适合内部设计者的语言撰写消费者需求相关资料
- 与不同个性的人进行谈判互动
- 以开放的态度听取意见和建议
- 向相关人员报告有关营销与销售策略和新产品开发的情况，

包括投资收益率的计算、竞争分析、客户需求、关键的成功因素、市场分析、销售论证（sales justification）等

在与不同类型和层级的人沟通时，我提供的口头信息或书面信息是否清楚？

**影响力和谋略**

- 风格和方式因人而异
- 努力建立融洽的关系，获得支持与承诺
- 在决策会议之前积极寻求对创意的支持
- 建立和维持重要的业务网络
- 请其他人参与决策，使之认同决策所带来的变化
- 与客户和利益相关者建立长期关系
- 根据企业的利益，处理好复杂的外部关系

我能说服、激发、激励和鼓励其他人与我共同实现重要的愿景和目标吗？

**与销售人员的互动**

- 建立、培养销售人员的信任感和积极性
- 为销售人员提供合适的培训来提高其业绩
- 与销售经理协调合作
- 在销售人员中建立"咨询"网络
- 以适当的方式帮助销售人员达成交易
- 确定特定情况下最适用的销售工具

我是否充分赢得了销售人员的信任和承诺？

> **促进其他人的发展（对高级产品经理最适用）**
>
> - 对其他人表达正面的期望
> - 为其他人创造发展机会
> - 为提高员工技能提供持续辅导和培训，并对其行为进行引导
> - 对下属充分授权，让其全面承担责任，提高专业技能
> - 持之以恒
> - 确保下属积极发展团队
> - 建立程序计划，推进未来领导者的发展
>
> 我是否应赋予下属相应的权责，并促进其技能的发展？

## 相关练习

评估你在每一相关领域的经验和知识，测定你的技能水平是哪一种：（1）有待提高；（2）基本胜任；（3）熟练精通；（4）出类拔萃。如果该项特殊技能跟你的职位无关，就圈出"不适用（NA）"。

请根据"与人合作取得成果"这一大类行为能力的各项属性来进行自我评估（1~4为分值）：

沟通能力　　　　　　1　2　3　4　NA

影响力和谋略　　　　1　2　3　4　NA

与销售人员的互动　　1　2　3　4　NA

促进其他人的发展　　1　2　3　4　NA

与前面一样，对于你想要提高的能力，制订一个自我提

升的计划。以下是一些可行方法：

- 通过阅读书籍以及参加研讨班、课程学习和会议来增长自身的知识。
- 通过加入国际演讲协会（Toastmasters International）之类的组织来提高自身的沟通能力。
- 确定重要的利益相关者（例如，行业分析师、销售人员、行业联盟、重要渠道成员等），并与他们建立关系。
- 由于提高这一能力不仅需要自我认知，还需要了解别人对你的评价，所以你应该收集此类相关信息（例如，可以通过同事之间的非正式交谈来获得，也可以通过运用诸如360度反馈法之类的正式技巧来获得）。
- 实践，实践，再实践。

## 确保市场导向

半个世纪以来，理解客户一直是美国企业的信条。然而，很多企业在经营中忙于应付内部危机，到处救火，而"市场导向"则成了徒有其表的场面话。因此，产品经理必须身体力行，贯彻落实理性的市场导向观念。产品经理不仅需要透彻理解客户，还需要在组织中切实维护客户利益。

若要切实维护客户利益，产品经理需要培养和发展能够敏锐洞察客户现在及将来需求的令人信服的眼光。这种眼光必须超越某一部分客户的局限，着眼于构成市场的整体客户。对那些刚从销售人员提升为产品经理的人来说，这可能是一种挑战，因为他们仍然只会考虑部分客户，而不能统筹考虑整体的目标客户。市场研究和竞争情报有助于促进产品经理的这一角色转变。

尽管不是所有的产品经理都会亲自参与市场研究，但他们都必须对研究过程进行有效管理。这一过程包括挑选市场研究机构、评估研究建议（投标书）或与内部研究部门进行合作。无论是由企业内部还是由外部团队来进行研究，产品经理都应该能够判断什么是最合适的研究方法，例如，是定性研究还是定量研究，并能对研究结果进行解释（本书第4章将对此进行深入探讨）。

竞争情报是市场研究的一个方面，它不仅可以帮助产品经理确定某一特定产品是否满足客户的需求，还可以了解某一特定产品是否具有竞争优势。要做到这一点，产品经理应该掌握相关的动态数据，时刻了解竞争产品的特色和优点、竞争对手策略的改变以及影响竞争状况的其他潜在因素。

只有掌握合适的客户情报、市场情报和竞争情报，产品经理才能够通过发挥其领导才能（主要是领导跨职能团队的能力）确保产品的市场导向。

---

### 第 3 大类能力：确保市场导向的能力

**客户的支持者**

- 关注外部客户和市场
- 确定并满足客户潜在的/将来的需求
- 从变化趋势中持续寻求未来发展的可能性

- 竭诚创造客户价值
- 在企业中始终维护客户（市场）的利益

我真的在竭诚创造目标客户价值吗？

### 市场研究能力

- 设计、执行并解释研究
- 明确并利用市场人口统计特征
- 与领先用户（lead user）和行业分析师保持联系
- 挑选、评估研究机构或项目

在进行决策时，我是否充分掌握了相关的市场信息？

### 竞争情报

- 确定竞争对手的优势和劣势
- 建立销售人员与分析师的网络系统，掌握动态的竞争情报
- 不断强化竞争优势

我是否能够证明，相对于竞争对手，自己的产品能为客户提供更高的价值？

### 领导跨职能团队

- 争取跨职能团队的支持和尊重
- 参与制定产品开发策略
- 掌握获取成果的信息流
- 明确个人及团队的角色和责任
- 确定能激发热情和活力的极富吸引力的愿景

我能否明确阐述极富吸引力的愿景，领导企业坚持市场导向？

**相关练习**

评估你在每一相关领域的经验和知识，测定你的技能水平是哪一种：(1) 有待提高；(2) 基本胜任；(3) 熟练精通；(4) 出类拔萃。如果该项技能跟你的职位无关，就圈出"不适用"(NA)。

请根据"确保市场导向"这一大类能力的每一属性来进行自我评估（1～4为分值）：

| | | | | | |
|---|---|---|---|---|---|
| 客户的支持者 | 1 | 2 | 3 | 4 | NA |
| 市场研究能力 | 1 | 2 | 3 | 4 | NA |
| 竞争情报 | 1 | 2 | 3 | 4 | NA |
| 领导跨职能团队 | 1 | 2 | 3 | 4 | NA |

与前面一样，确定你在自我提升计划中所要着重提高的能力。除了利用正式的教育机会，也可采用其他的方法，如花更多的时间与客户进行现场交流、参与竞争对手员工的报告会等，你也可以建立客户咨询委员会、客户小组以及分销商或代表委员会，从而获取市场信息。

## 指导产品的"匹配"与功能

产品经理力图深入全面地掌握客户知识，其目的是为客户创建更具竞争力的卓越产品和服务，从而为企业创利。这需要具备相当程度的技术和营运知识才能做到。因此，产品经理必须具备丰富的相关知识，才能对客户需求和产品技术规格进行沟通协调。

产品经理积极聆听"客户的声音",并按客户需求的优先顺序转化成产品规格,即客户认为什么样的规格是理想的,而什么样的规格是基本要求。这些规格明确了产品必须做到什么(what),却没有说明该如何(how)制造产品才能满足这些需求。虽然大多数产品经理不会实际设计产品,但他们应该知道某种材质或厚度的材料能否满足客户对产品强度的要求,或某项药物测试能否为客户提供其所需的信息。

产品经理对生产、存货控制或其他内部流程应有的熟悉程度,要视具体企业的需要而定。<sup>⊖</sup> 有些企业要求产品经理与原材料供应商共同合作,以决定该原料是自制还是外购;有些企业则要求产品经理管理产品存货或负责技术支持。产品经理所具备的这些知识可能有助于建立产品平台或产品组合。这些方式不存在对错之分,除非组织结构安排让企业忽略客户,而无法比竞争对手更好地满足客户的需求。

产品必须与企业内外部环境相"匹配"。你的产品组合能否为客户提供完整彻底的解决方案,或是否缺乏某些互补性产品?设计的产品针对的是主要目标客户还是一般性市场需求?

## 第 4 大类能力:指导产品的"匹配"与功能的能力

### 技术理解能力

- 关于产品或服务技术要求的知识(因企业或行业而异,指特定的知识或经验。例如,后端服务器技术、分子生物学

---

⊖ 如果你非常需要了解制造方面的情况,请参阅卡尔·犹里齐(Karl Ulrich)和斯蒂芬·埃平格(Steven Eppinger)所著的《产品设计与开发》(Product Design and Development)一书。该书简明扼要地介绍了产品结构和制造设计,英文版由麦格劳希尔出版公司 1995 年出版,中文版由东北财经大学出版社 2009 年 5 月出版。

中的实验室检测或电信基础设施服务等。）
- 用客户易于理解使用的方式撰写技术文件

　　我是否具备充分的技术知识来沟通协调客户和企业员工的关系？

### 质量控制和营运知识

- 掌握质量控制的基本原理
- 掌握基本的生产原理
- 对存货、仓储和物流有适当的认识

我是否具备和内部营运员工谈论产品需求问题的相应知识？

### 产品组合分析

- 完整管理产品生命周期
- 推荐新产品
- 制定产品上市的相关要求
- 监控品牌资产的管理
- 追踪产品发布过程
- 参与商标和标志方面的决策
- 参与产品类别管理事务

　　我能否清楚地阐述每一种产品在自己的产品组合甚至整个企业中的匹配程度？

### 新产品开发

- 重点确保所有产品开发团队成员朝着相同的方向努力

- 能够将产品特征转换成客户的利益,将产品转换成对客户有益的解决方案
- 提出受客户欢迎的新产品创意
- 推动以客户为导向的工程技术要求和开发过程
- 妥善管理新产品的上市过程,使之接触到合适的客户

在管理新产品的开发过程中,除非市场异变,我能否确保维护新产品的初始规格要求?

## 相关练习

评估你在每一相关领域的经验和知识,测定你的技能水平是哪一种:(1)有待提高;(2)基本胜任;(3)熟练精通;(4)出类拔萃。如果该项技能跟你的职位无关,就圈出"不适用(NA)"。

请根据"指导产品的'匹配'与功能"的各个属性来进行自我评估(1~4为分值):

技术理解能力　　　　1 2 3 4 NA

质量控制和营运知识 1 2 3 4 NA

产品组合分析　　　　1 2 3 4 NA

新产品开发　　　　　1 2 3 4 NA

除了利用各种教育机会提高这些能力,岗位轮换或工作见习(job shadowing)也有助于产品经理学习更多技术方面的知识。

## 分清轻重缓急

在能力模式中,产品经理应该具备的第五大类也是最后一类能力是分清轻重缓急。在管理细节和过程的同时,产品经理必须要能掌控全局。然而,如果缺乏项目和自我管理能力,战略或计划技能方面的培训是无法将其培养成能干的产品经理的。

大约10年前,创新领导力中心(Creative Leadership Center,CCL)的报告认为,典型管理者或专业人士具有以下特征:

- 每周工作时间比10年前多了近10小时
- 办公桌上始终积压着35小时的工作量
- 时间安排极为紧迫,在改进内部客户服务方面,只能流于口头形式,无法贯彻落实○

21世纪的第一个10年中,此类情况并未好转。尤其是产品经理,他们陷于数据收集和被动应对各类问题,疲于奔命。这当然不利于工作的长远发展。他们经常受到各种干扰,无法连贯地完成一项工作。CCL的另一项研究指出:"中层管理者的工作平均每5~20分钟要被打断一次。"○这些干扰严重影响了脑力工作者(包括产品经理)的工作效率。

### 第5大类能力:分清轻重缓急的能力

**时间管理**

- 预览所有出版物、报告和数据,决定哪些重要、哪些可以舍弃

---

○ Ira Chaleff, "Overload Can Be Overcome," *Industry Week*, June 7, 1993,pp.44+.
○ Chaleff, *Industry Week*, pp.44+.

- 减少电子邮件、出版物订阅和报告传阅的数量
- 根据企业整体目标安排各种活动的优先顺序
- 抽出时间制订计划
- 过滤无用的数据（包括运用电子邮件的自动过滤功能）
- 减少拖延
- 每天只处理一次日常文书工作
- 运用"批次沟通"（batching communication）的技巧来减少干扰
- 开发合理的存储和存档系统，以方便检索
- 每次只处理一项工作

我能否有效管理时间、文书工作及计划？

### 项目管理

- 制订合理的进度计划
- 进行合理的资源配置
- 关注重点，切实负责
- 以高度缜密的做法来处理很复杂的项目
- 明确关键路线和时间要求
- 运用项目管理的原理和技巧，在预算范围内及时完成重要项目
- 确定新产品开发项目
- 管理新产品项目团队
- 监控项目执行情况，成功推出新产品

我是否理解并运用了项目管理原理？

> **相关练习**
>
> 评估你在每一相关领域的经验和知识，测定你的技能水平是哪一种：(1) 有待提高；(2) 基本胜任；(3) 熟练精通；(4) 出类拔萃。如果该项特定技能跟你的职位无关，就圈出"不适用（NA）"。
>
> 请根据"分清轻重缓急"能力的各个属性来进行自我评估（1~4为分值）：
>
> 时间管理　　　1　2　3　4　NA
>
> 项目管理　　　1　2　3　4　NA

## 创业技能与特征

创业技能与特征是产品经理能力模型中的核心部分。具有这些特征的产品经理充满激情，具有强烈的成功欲望；积极进取，敢于担当，并乐于解决问题。

创业者一般具有几个共同的特性：精力旺盛，充满干劲儿，勇于冒险，工作努力，坚持不懈。创业者有时会沉迷于自己的产品或服务，看不到那些在客户眼里非常明显的缺陷。产品经理必须努力具备积极进取的创业精神特质，同时要尽量控制或降低负面影响。

## 建立产品经理计分卡

前文提到的产品经理的几种能力所占权重不尽相同。决定各种能力权重的影响因素如下。

- 职位级别。对于某项技能或知识，副职产品经理只需基本掌握，而高级产品经理则需熟练掌握。
- 组织结构。有些企业设有技术产品经理、产品营销经理、上游或下游产品经理以及其他各类职位。根据工作需要，在不同职位中，不同能力所占的权重不同。
- 行业。有些行业对技术、客户或其他专业知识有更高的要求，这在能力的权重分配上也会有所反映。

你可以运用适合于所在企业情形的能力权重，建立一份产品经理计分卡，根据能力权重和产品经理评分找出可提升的空间。表1-1所示的是产品经理计分卡。

表1-1 产品经理计分卡

| 能力 | 能力权重 | 产品经理评分 |
| --- | --- | --- |
| **取得业绩** | | |
| 战略评估 | | |
| 营销和业务计划 | | |
| 财务知识和技能 | | |
| 销售知识和技能 | | |
| **与人合作取得成果** | | |
| 沟通能力 | | |
| 影响力和谋略 | | |
| 与销售人员的互动 | | |
| 促进其他人的发展 | | |
| **确保市场导向** | | |
| 客户的支持者 | | |
| 市场研究能力 | | |
| 竞争情报 | | |
| 领导跨职能团队 | | |
| **指导产品的"匹配"与功能** | | |
| 技术理解能力 | | |

（续）

| 能力 | 能力权重 | 产品经理评分 |
|---|---|---|
| 质量控制和营运知识 | | |
| 产品组合分析 | | |
| 新产品开发 | | |
| **分清轻重缓急** | | |
| 时间管理 | | |
| 项目管理 | | |

要填写产品经理计分卡，首先要确定某一特定产品经理职位需具备的各项能力的权重。也就是说，决定在这个职位上理想的产品经理应该在特定能力上的表现是有待提高、基本胜任、熟练精通还是出类拔萃，然后将该结果填入"能力权重"一栏中。某一特定产品经理的各项能力的评分则记录在最后一栏中。然后，对这两栏中相应的数据进行比较，确定那些一旦改进就能使业绩大幅提升的项目。

### 关键要素

▶ 产品经理应该是虚拟企业的创业领导者。

▶ 确定清晰的产品愿景、策略和可衡量的计划（取得业绩）。

▶ 知道如何说服、鼓舞、激励和鼓励他人共同实现愿景（与人合作取得成果）。

▶ 掌握客观数据，确保为目标客户提供的产品价值高于竞争对手（确保市场导向）。

▶ 产品的技术要求应与市场需求一致，创建合理的产品组合（指导产品的"匹配"与功能）。

▶ 掌握时间管理和项目管理能力（分清轻重缓急）。

# 第 2 章

# 项目管理和时间管理的基础

> 做事情是门高雅的艺术，而不做事情则是更为高雅的艺术，人生的智慧在于去芜存菁，不做不必要的事情。
>
> ——林语堂，中国哲学家

有时候，我们容易混淆产品经理和项目经理的职责。这两者都需要整合组织的各项职能，都需要具有政治敏感性，都需要同时把握大局和细节，而且通常都是从技术专家转岗而来的。产品经理的许多职责超越了项目经理的职责范围⊖，而项目经理也需要处理许多与产品经理职责无关的工作（诸如从实施新的软件系统到办公室的组织搬迁之类的各种事宜）。本章先介绍可能与产品经理的工作有关的项目管理过程。⊖

**项目管理**（project management）通常适用于多人参与完成特定目

---

⊖ 有关产品经理的一般职责，请参阅琳达·哥乔斯的《产品经理的第一本书》的附录。附录中介绍了产品管理工作描述的例子。另外，在该书第 2 章中还介绍了企业产品经理和其他岗位的工作职责。

⊖ 其相关职能是，项目经理全面负责项目的整个过程。

标的情况。当只有一个人参与项目时，项目的优先次序和进度计划等概念可能还是适用的，但更需要掌握自我管理和时间管理的技能。由于产品经理既要管理多人项目，也要管理单人项目，因此，我们在这一章中还要介绍时间管理的概念。

## 项目管理基础

项目的一般性定义是"由多项任务所构成的具有绩效、时间、成本和范围要求并只能一次性完成的工作"。[一]请注意，该定义包含四个相互关联的制约因素：绩效、时间、成本和范围。如果其中某一制约因素发生变化，那么就会对其他一个或多个因素产生影响。例如，如果项目需要提前完成，就可能会增加成本并影响绩效。我们还应注意，该定义表明，项目是需要一次性完成的工作，因此必须有明确的开始时间和结束时间。产品经理可能参与的项目有新产品开发、重要广告宣传活动、产品召回、增设新的服务点或新产品销售培训等。

### 需要具备的技能

在讨论项目管理的步骤之前，我们先看看项目经理应该做些什么。项目经理应具备以下能力：

- 权衡取舍

- 争取足够的资源

- 确定和物色合适的项目人员

---

[一] 参见詹姆斯·刘易斯的《项目管理基础》第2页，该书阐述了项目管理的基本原则和概念。

- 激励团队成员

- 克服困难

鉴于企业的财务资源和人力资源有限，项目经理经常需要在不同项目之间和项目内部进行权衡取舍。当项目涉及整个企业的使命和愿景时，项目经理必须明确项目的相对优先等级。为了完成原定目标，他们同样必须明确各项活动和任务的优先等级，牺牲一个或多个上述制约因素，并争取更多的资源。

项目的一项重要任务是让合适的人去做合适的工作。销售人员、工程师或管理人员应该具备完成项目所需的基本素质，但可能需要向相关部门"借用"这些人。为了争取项目所需要的合适人员，项目经理必须跟不同职能部门的经理协商，有时还应跟需要借用的个人协商。项目团队一经组成，项目经理就要经常激励团队成员，同时要促进他们之间的相互合作。这就需要他们有共同的愿景、对项目计划的团队投入、持续不断的沟通和卓越的人际关系技能。

即使对项目进行了精心计划，并悉心挑选了团队成员，还是会遇到各种问题。进度计划的最新调整、资源的冲突或客户期望的改变等，都可能会严重影响项目的顺利开展。项目经理应该具备随机应变、公开沟通及与组织高层保持稳定关系的能力。

## 相关练习

评估你在每一相关领域的经验和知识，并测定你的技能水平是哪一种：（1）有待提高；（2）基本胜任；（3）熟练精通；(4) 出类拔萃。以下是本章每个相关练习中四种技能水平的标准说明。

(1) 有待提高。产品经理缺乏某些与该能力相关的必要经验或技能。

(2) 基本胜任。产品经理基本具备这些能力，并能掌握充分的知识进行深入讨论和参与决策。

(3) 熟练精通。产品经理可以熟练运用这些能力，并在必要时能运用这些知识进行指导。

(4) 出类拔萃。产品经理不仅能够熟练运用这些能力，还能有所提高这些能力。

现在，请你对项目经理需要具备的技能进行自我评价：(1～4为分值)

| | | | | |
|---|---|---|---|---|
| 权衡取舍 | 1 | 2 | 3 | 4 |
| 争取足够的资源 | 1 | 2 | 3 | 4 |
| 确定和物色合适的项目人员 | 1 | 2 | 3 | 4 |
| 激励团队成员 | 1 | 2 | 3 | 4 |
| 克服困难 | 1 | 2 | 3 | 4 |

如果你并未在每一项上都获得4分，那么，你的能力仍有值得改进之处。你可以制订一个自我提升计划来改进相关方面的能力。你的计划可以包括阅读各类书籍、参加研讨会或课程学习等，以增强相关的技能。

项目经理还应该熟悉项目管理的一般性步骤：确定问题、计划和进度安排，管理团队，控制和审计项目过程。

## 确定问题

虽然产品经理可能清楚需要解决的问题，但项目团队的每个成员也必须了解那些问题。为此，需要回答以下几个问题。

- 谁是项目的客户？
- 客户想要的结果是什么？
- 项目完成的截止时间。
- 项目的预算（或预定成本）是多少？
- 项目的结果、截止时间以及预算的相对重要性如何？
- 为什么会在这时候出现问题？

在确定问题时，应明确目前的状况和期望达到的结果。这两者之间的差距是什么？制订的计划应设法说明如何缩小这个差距，但只有明确目前存在的问题才能做到这一点。在确定问题时切勿忽略客户——项目必须能够切实地满足客户的需求，而不是项目团队以为能够满足客户的需求。

## 项目计划和进度安排

这一阶段从确定问题转向解决问题。这一阶段不仅提供了项目实施的蓝图，还提供了管理和控制过程的方法。项目计划包括问题陈述（比如，对前一阶段的总结）、项目目标、进度计划、需要的资源和明确的控制系统。

项目目标应列出预期成果或所要实现的结果。其明确了要达成什么，但没有明确如何达成。目标应明确具体及可衡量，包含时间期限或截止日期。比如，产品召回的目标可包括以下内容：

- 在 2004 年 8 月 1 日前，通知所有被承诺质量保证的客户。
- 在 2004 年 8 月 14 日前，联系所有相关行业媒体，发布召回消息。
- 在 2004 年 12 月 30 日前，实现 45% 的召回率。

制订项目进度计划需要先确定完成项目所需的主要活动。然后，再把每一主要活动进一步细分为具体任务和子任务，形成**工作分解结构**（work breakdown structure，WBS）。我们可用这些信息来评估项目所需的时间及资源。因此，工作任务必须分解到可以进行有效评估的程度。若没有 WBS，任何有关时间及资源的估计都会是很粗略的，可能与实际需求相去甚远。以下列示了一项产品召回的工作分解结构的部分内容。

### 产品召回工作分解结构示例

1000 进行全面的安全分析

1001 根据行业/政府标准将风险分级

1002 参观工厂

1003 约见员工

1004 测试产品及设备

1005 决定召回速度

2000 通知员工

2001 给全体员工发邮件

2002 在内部网设置有关产品召回的链接

2003 为销售人员举办研讨会,让他们学习讨论如何在现场处理召回工作

3000 通知代理商及客户

3001 第一时间或优先向客户发送邮件

3002 电话联系关键客户

3003 开通免费咨询热线

3004 在网站上开设常见问题回答专栏

3005 向相关媒体发布新闻

4000 召回产品

4001 制订存货处理方案

4002 建立帮助客户退回产品的渠道

4003 指导客户退货

5000 确保及时修理或更换产品

5001 内部程序

5002 外部程序

一旦确定了具体的活动和任务,就应确定其先后顺序或并列关系。哪些活动可以同时进行、哪些活动只能以特定的顺序进行,这常常需要用流程图来表示,如图 2-1 所示。在此例中,虽然活动 A 需要在活动 B 之前完成,活动 C 需要在活动 D 之前完成,活动 A、活动 B、活动 C、活动 D 均需要在活动 E 之前完成,但是活动 A、活动 B 可以和活动 C、活动 D 同时进行。

对每一活动的时间进行估计后发现，活动 C—活动 D—活动 E 花费的时间最多，因此这是关键路径，即这一路径所表示的系列活动没有富裕时间，若不按照进度计划进行，就会延迟整个项目的完成。类似这种构建网络图的过程，称为关键路径法（CPM）。在时间估计上再加入可能发生的概率，则称为计划评审技术（PERT）。请注意，虽然在图 2-1 中用方框来表示活动（称为**单代号网络图**，activity-on-node network），但我们也可在箭头上标注项目活动，箭头之间用圆圈连接，圆圈表示活动的完成，用这种方法所画的网络图称为**双代号网络图**（activity-on-arrow network）。

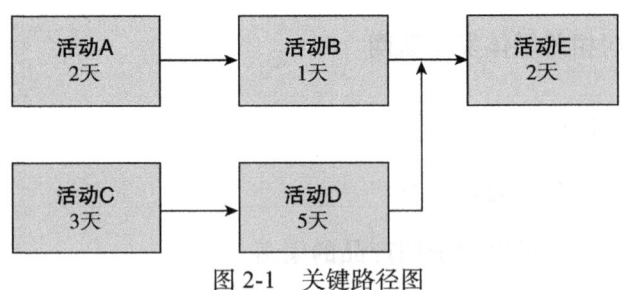

图 2-1　关键路径图

## 管理项目团队

项目管理最具挑战的地方，并非绘制关键路径图或计划评审技术图，而是决定在项目管理过程中需要投入哪些资源要素。也就是说，参与项目执行的个体或职能部门真正能够投入项目活动所需的时间和资源才是至关重要的。由前期投入形成的初始网络决定项目所需的预算和完成时间。如果时间和资源中有一项达不到要求，就需要重新设定项目目标，将分配的资源从非关键路径活动转移到关键路径活动，并选择成本较低的方案。然而，一旦制订了可行的项目进度计划，就应贯彻执行，尽量减少变更。

## 控制和审计项目过程

在项目执行之前所制订的项目计划和进度可作为控制系统的工具。在这种情况下，控制是指将项目的进展情况与项目计划进行比较，以便在发生偏差时及时纠正。如图 2-2 所示，**条状图**（bar charts，又名甘特图）通常可以用来形象地表示活动的实际与预期进展情况之间的差异。我们从图中可以看出，活动 B 已提前完成（原本计划在第三天完成，可在今天——第 2 天就已完成了）。活动 C 的进度却比计划落后了一天。由于活动 C 是关键路径的一部分，因此该项目将延期完成，应该采取纠正措施。

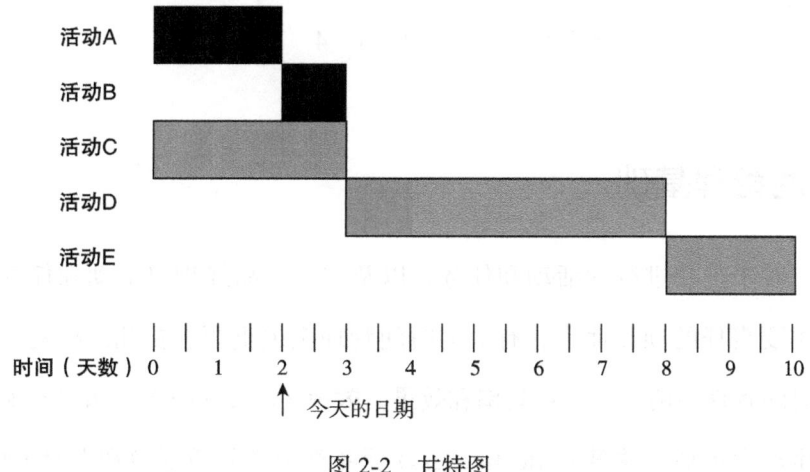

图 2-2　甘特图

请注意，这是整个项目的**总体计划**（macro plan）。由于项目活动需要由许多人共同完成，但其中大多数人并非项目经理的直接下属，因此还需要制订单项活动的**局部计划**（micro plan），以便能让团队成员进行自我控制。此外，项目还应设置关键点来评估项目的具体进度。

**相关练习**

选择一个最近完成的项目来进行自我评估。评估你在每一相关方面的经验和知识，测定你的技能水平是哪一种：（1）有待提高；（2）基本胜任；（3）熟练精通；（4）出类拔萃。如果该项技能跟你的职位无关，就圈出"不适用（NA）"。

请根据"项目管理步骤"进行自我评估（1～4为分值）：

确定问题　　　　　　　1　2　3　4　NA

项目计划和进度安排　1　2　3　4　NA

管理项目团队　　　　　1　2　3　4　NA

控制和审计项目　　　　1　2　3　4　NA

## 时间管理基础

对于正在进行的活动和任务，以及需要产品经理对活动和任务承担主要责任的项目而言，有效的时间管理至关重要。在此，特别要强调时间管理的两个方面：效率和效果。**效率**（efficiency）是指没有浪费的生产力水平。**效果**（effectiveness）是指能分清轻重缓急和做对事情。这两者都隐含了对时间价值的重视与肯定，但体现方式则略有不同。

**时间的价值**

请想象一下，你有一个银行账户，银行每天都往你的账户里存入 86 400 美元。账户的资金无法累积，每天晚上都会清空白天没有使用的余额。

你将会怎么做？当然是取出每一分钱！实际上，我们每个人都有这么一个账户，它的名字叫时间。每天早上，它会给你 86 400 秒，到了晚上又会将你没有很好利用的时间清零。

时间无法积累，也不允许透支。它每天早上都会为你开设一个新的账户，每天晚上又会把一天没用完的时间清空。如果你没有好好地利用当天的时间，那是你的损失。你无法返回，也不能向"明天"透支。

你必须利用今天的"存款"生活，好好投资，以便从中获得最大限度的健康、幸福和成功！

时钟在不停地走动。

充分利用今天。

如果想知道**一年**的价值，请问那些留级的学生。

如果想知道**一个月**的价值，请问那些生下早产儿的母亲。

如果想知道**一个星期**的价值，请问周报的编辑。

如果想知道**一天**的价值，请问那些用日薪养家糊口的工人。

如果想知道**一小时**的价值，请问那些等待见面的情侣。

如果想知道**一分钟**的价值，请问那些错过火车的人。

如果想知道**一秒**的价值，请问那些刚刚幸免于难的人。

如果想知道**一毫秒**的价值，请问那些在奥运会上赢得银牌的人。

珍惜你所拥有的每一刻！要倍加珍惜，因为你要和那些

> 特别的人分享,和那些特别到足以分享你时间的人共享时间。
>
> 记住,时间不等人。
>
> 昨天是历史。
>
> 明天还是个谜。
>
> 今天则是份礼物。
>
> 这就是"现在"被称为"礼物"的原因!
>
> 佚名
>
> 资料来源:www.starteasy.com/ggalore/time.

### 效率

要提高时间管理的效率,就需要组织、自律并制订项目的进度计划。组织技能可让你在寻找方面所花的时间最少。你究竟花了多少时间寻找那些原本触手可及的文件或信息?你是否有个能让你很快找到所需信息的文档系统?这里介绍几条简便的组织技巧:㊀

- 将最近的文件放在办公桌的最上面或文件柜的最前排;
- 为其他条目(包括名片和行业文献)建立合理的文档系统;
- 编制简洁的待办事项清单;
- 清除无用的东西!

有些时间管理的原则只是良好的愿望而已。如果不能自律,那么即使拥有世界上最好的系统也无济于事。如果你想要在时间管理上进行自律,就要做到以下几点:

---

㊀ 如果你对改善时间管理的捷径感兴趣,可以参照戴维·科特莱尔(David Cottrell)和马克·莱顿(Mark C.Layton)的《175个事半功倍的方法》(175 Ways to Get More Done in Less Time)。

- 采取"现在就做"的态度，避免拖延；
- 利用外出旅行的空档阅读文件；
- 设立（并遵循）会议议程，在会议召开前确定是否出席会议，并在会议纪要中明确行动步骤；
- 准时开始或结束会议；
- 安排好自己的时间，在效率最高的时候完成重要的任务，从而避免受到干扰；
- 掌握并践行对不重要的活动说"不"的艺术。

制订项目进度计划对自律非常重要。很多产品经理耗费大量的时间四处救火，而不花时间进行预防，他们永远都在救火。正如将跨职能团队项目分解成各个组成部分，单人项目也应如此。例如，某个大型报告或演讲要在未来某一时间完成，如果这一时间离现在还很远，那么就不需要马上着手。将这一项目分解成若干个组成部分（可称之为"组块"），并安排好各部分的完成时间是很有效的。完成这一报告可能需要联系行业分析人士，收集客户信息，拟定草稿、再修改并最终定稿。从报告的截止时间往前推算，再为各组块定好最后的截止时间。截止时间一旦确定，就要安排好自己的时间来完成各组块的任务（如在日历上标注），应该认真对待每一组块的截止日期。

### 效果

时间管理的效率是指以较少的时间完成较多的任务，但你仍需确定这些任务是否重要，这就是效果需要解决的问题。如果时间紧迫，那么请扪心自问："现在该如何最有效地利用时间？"为了回答这一问题，并确定重要事项（除了紧迫事项之外），你需要确定价值观及分清轻重缓急。个人的价值观及分清的轻重缓急可能会与组织有所不同，但两者之间不可能完全背离。

史蒂芬·柯维在其著作《与时间有约》⊖（*First Things First*）一书中提出一种根据重要性及紧迫性来划分轻重缓急的系统。根据这两个参数，可将不同的事项归类到四个象限中，如图2-3所示。既紧迫又重要的事项（象限A），可能会形成危机，应立即处理；处于象限B的事项，很重要但不紧迫，如果拖延则会引发危机，这就需要进行计划并分清轻重缓急；处于象限C的事项很紧迫但不重要，根据科维的描述，我们在处理此类事项时往往将它们看成是象限A的一部分。"紧急的假象容易让人误以为很重要，但事实上，这些活动即使真的重要，也只是对别人重要而已"。⊖象限D中的事项则完全是浪费时间，所以应尽量避免，留下更多时间给其余几个象限中的事项。

|  | 紧迫 | 不紧迫 |
|---|---|---|
| 重要 | A<br>立即处理 | B<br>根据自己的愿景和价值观来组织安排活动 |
| 不重要 | C<br>避免将所有紧急事项看作重要事项——有选择地进行评估 | D<br>用最少的时间处理或不做处理 |

图2-3 活动轻重缓急的时间管理

资料来源：Adapted from Stephen R. Covey, *First Things First*（New York: Simon & Schuster, 1994）p.37.

---

⊖ 史蒂芬·柯维在《与时间有约》附录中对时间管理的文献进行了综述，全书讲的也是时间管理。
⊖ 参见柯维的《与时间有约》，第38页。

就其本质来说，除了需要制订战略性产品计划之外，产品管理是一种需要没完没了地应对信息、销售支持和后续活动需求的职能。因此，产品经理必须时刻注意该如何有效地利用时间。与产品的品牌资产（brand equity）或财务业绩有关的活动是重要的，也可能是紧迫的。你需要决定这些活动是否可以划分轻重缓急并制订进度计划（就如前文提到的），需决定某些环节是否可以授权给其他人去做。千万不要因为没有安排好自己的时间而延误重要活动。

---

**相关练习**

评估你在时间管理方面的经验和知识，确定你的技能水平是哪一种：（1）有待提高；（2）基本胜任；（3）熟练精通；（4）出类拔萃（1～4为分值）。

效率　　　　1　2　3　4

效果　　　　1　2　3　4

---

## 关键要素

▶ 权衡取舍。

▶ 争取足够的资源。

▶ 物色和争取合适的项目人员。

▶ 激励团队成员。

▶ 克服困难。

▶ 确定组织和安排时间的效率原则。

▶ 经常扪心自问："如何最有效地利用时间？"

# 第 3 章

# 计 划 框 架

> 如果问题没有解决办法,那可能就不是问题,而是事实——不能解决,只能应对。
>
> ——以色列政治家西蒙·佩雷斯(Shimon Peres)

产品经理可能会参与多种类型的计划,如战略计划、新产品开发计划和年度营销计划等。这些计划可能是整个企业的,可能是某个部门的,也可能是某一产品线的。由于需要搜集的信息及后续决策的不同,这些计划相应地需要不同的分析范围。如果范围不明确,计划可能就会混乱无序。因此,明确范围是计划过程的重要前提条件之一。

## 明确范围

- 计划的规模程度如何?是产品、产品线、业务部门计划还是项目计划?针对的是整个行业还是区域市场?

- 计划的使用者是谁？计划是否需要上报并纳入更大的计划？是给跨职能团队作为决策参考，还是战略计划的组成部分？
- 计划会在什么时候执行？是为下一财务年度还是为未来2～5年所制订的？
- 如何使计划符合预算要求或财务要求？

制订计划没有定规。无论是企业还是个人，都会根据实际环境情况，采用自己偏好的各种方式来制订计划。尽管如此，大多数业务、产品和营销计划还是存在一些共同之处的。

首先，所有的计划过程都需要收集数据。收集数据有多种说法，如形势分析、背景评估、环境扫描等，但无论名称如何，产品经理都应在这一过程中解决你现在在哪里的问题。这是计划过程中分析实际情况的部分。

其次，所有成功的计划都需要确定并明确阐述目标，阐明你想去哪里这一问题。最好确定长远的目标或愿景，同时需要确定年度目标来明确在这一年想要取得的成果，进而使你循序渐进，逐步实现长远目标。

再次，既然现状和目标之间存在差距，那么行动计划的焦点就是如何设法缩小这一差距。计划的这一部分提出如何实现目标的战略与战术，也就是如何从现状走向目标。战略是一般性方法，而战术则阐述更具体的行动。

最后，必须确定执行计划所需的（财务和非财务）资源，同时需要追踪计划执行情况。这一过程可用计划模型进行概括，如图3-1所示。本章接下来将分别介绍模型中的每一个要素。

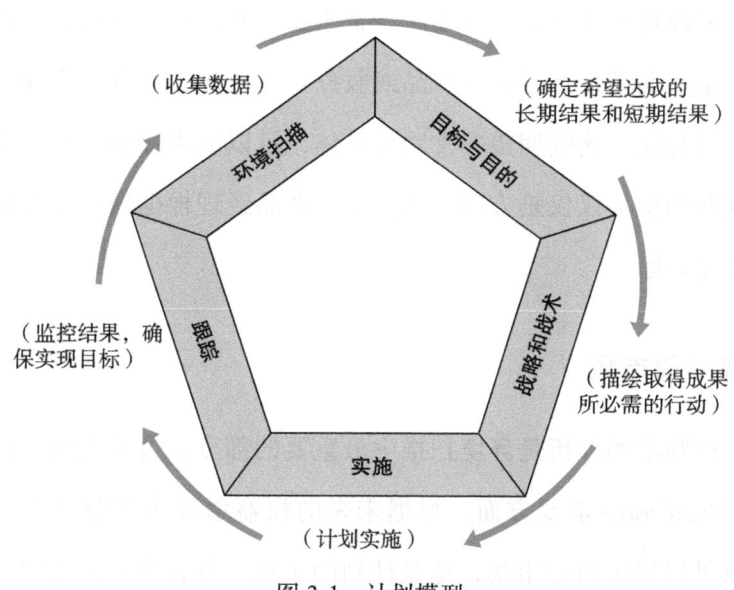

图 3-1　计划模型

# 环境扫描

一旦明确了计划的范围,为了回答**你现在在哪里**的问题,就需要进行计划,而环境扫描则是计划的第一步。环境扫描的任务是发现事实或收集数据,这是随后进行有效决策的坚实基础。环境扫描包括以下几方面:(1)高层业务目标;(2)客户和市场;(3)竞争状况;(4)行业经营环境;(5)内部评估。

### 高层业务目标

大多数计划一般都和更高层的计划相关。职能部门的目标可能由事业部制定,而事业部的目标则可能由企业总部甚至控股公司制定。

很多产品经理的计划也同样如此。企业要求的产品线销售量或利润是多少？企业期望什么样的新产品或服务？区域或产品有什么样的增长目标？有时候，这些期望非常明确具体，足以成为计划目标；而有时候，这些期望又仅仅是方向性的，需要产品经理根据这些要求制定明确的量化目标。

**客户和市场**

客户和市场分析是环境扫描中最重要的部分，也是确保产品管理市场导向正确的重要方面。根据未来的权益增长来了解掌握最佳客户，就可以确定目标市场，这是计划的重点。有关客户的情况，需要明确以下问题：

- 谁是忠诚的客户？谁是可能转移的客户？为什么？
- 谁是产品或服务的使用者、发起者、影响者、决策者、购买者？
- 主要的目标市场是增长、衰退还是保持稳定？
- 什么样的趋势会改变客户的需求或行为？
- 客户从事什么业务？
- 客户的客户是谁？他们期望什么？
- 什么能使客户兴奋得彻夜难眠（与你的产品服务有关）？
- 客户决定购买的动机是什么？
- 客户对售后服务的要求是什么？
- 和竞争对手相比，你所占的市场份额有多大？
- 客户向竞争者购买产品的转换成本有多大？
- 客户对产品有什么看法？

纵观整个市场（包括客户和非客户），其规模和预期增长率是多少？不同细分市场的规模和预期增长率又是多少？哪一细分市场能给产品带来最大的利润？为什么？

## 竞争状况

环境扫描的另一个组成部分是竞争状况分析。对大多数产品管理计划来说，这一部分的关键在于比较你的产品与竞争产品之间的竞争优势。你的整套产品服务（即产品、支持性服务和客户感知）与竞争对手相比如何？你收集（或应该收集）什么样的数据来维护自己的竞争优势？对于竞争状况，需要明确以下问题：

- 谁是现在的竞争对手？
- 谁是未来的竞争对手？
- 竞争对手从事什么业务？
- 竞争对手的能力、战略和目标分别是什么？
- 如何进行差异化定位？
- 竞争对手最近采取了什么措施来改变竞争态势？与此同时，你又采取了什么行动来改变竞争态势？
- 你能采取哪些措施，使得现有的和新的竞争对手难以与你抗衡？
- 竞争对手将来会如何攻击你？

## 行业经营环境

行业经营环境包括所有可能会对计划造成潜在或实质影响的外部因素。其可能是油价及其波动情况，也可能是房建开工率，还可能是食品工艺师或系统分析师的可用情况。对于行业经营环境，需要明确以下问题：

- 技术发展的趋势如何？以后几年技术会对产品销售产生什么影响？
- 客户、竞争对手或渠道成员是否发生了合并、收购或剥离等事件，对计划的利弊如何？
- 产品销售的重要指标是什么？这些指标是上升还是下降？
- 全国、地区或本地的经济趋势如何？
- 有何法规或政治因素可能会影响产品销售？
- 这些趋势发生的可能性有多大？可能会产生怎样的潜在财务影响？

## 内部评估

内部评估是对产品及其相关优势和劣势做出诚实客观的评价。内部评估需要明确以下问题：

- 从客户的角度来看，产品及其相关的优势是什么？
- 从客户的角度来看，产品及其相关的劣势是什么？
- 为什么会存在这些优势和劣势？
- 销售人员和渠道成员如何评价产品？
- 目前各产品、产品线、客户和细分市场的销售水平和利润水平如何？是否令人满意？
- 价位是否具有竞争力？
- 目前的战略效果如何？

> **步骤一：环境扫描的数据搜集**
>
> - 目标是否由更高层级的企业、事业部或业务单元目标决定或受其影响？这些目标是否已包括在你的计划中？
> - 谁是重要客户？他们如何变化？从购买什么（如特征、服务和解决方案）、在哪里购买（不同渠道）、什么时候购买（24/7）、如何购买（支付方式）以及为什么购买（购买动机）等看，客户有什么需要？
> - 什么是竞争对手有而你没有的产品服务？反之亦然？竞争环境如何变化？
> - 可能影响产品供应的外部趋势是什么？这些趋势会产生什么样的可能性和潜在影响？
> - 内部优势和劣势是什么？这些因素发生了怎样的变化？

## 目标与目的

数据搜集是环境扫描的部分内容，接下来就要决定你想实现的长期目标和短期目的，也就是回答**你想去哪里**的问题。虽然目标与目的这两个词语可以互换使用，但**目标**（goal）一词通常指长期的基本方向，而**目的**（objective）则是指将长远的目标分解成短期的目的。长远目标可能是产品或企业的战略愿景（strategic vision），而目的则是今年产品对长期目标有什么贡献。无论如何，两者都要为计划提供明确的方向，同时要为最后的结果评估提供方法。换句话说，目标的制定要遵循"SMART"原则，即：

- S（specific）——明确
- M（measurable）——可计量
- A（achievable）——可实现
- R（results-oriented）——结果导向
- T（time-based）——时效性

假设你的目标是"尽量多卖产品"，虽然这可能是个值得努力的目标，但你怎么知道自己什么时候已经达到目标了呢？你如何评价绩效？**明确的**目标都是具体的（而非空泛的），要尽可能回答谁、做什么、何时或何地等问题（例如，你可能为产品线制定在特定市场提高捆绑产品销量的目标）。**可计量的**目标是可量化的或可描述的，可用销售单位、收入或增长率来表达（如你想将捆绑产品的销售量提高多少）。**可实现的**目标是现实可行的，在产品经理的职权范围内（如根据环境扫描中搜集的信息，确定客户购买捆绑产品是否显得合理）。**结果导向的**目标关注产出和结果，而非活动（它关注的是捆绑产品的销售额，而不是如何将捆绑产品组合起来的这一过程或活动）。**时效性的**目标需要为达成特定结果而确定目标日期（如捆绑产品的销售额能在什么时候达到预期的增长率）。

产品经理需要对产品线的产品战略计划和年度销售计划负责。SMART原则必须考虑计划的特定类型。表3-1强调了建立年度销售计划目标的思维过程，同时要确保该计划符合产品或企业的整体战略方向。

表 3-1　制定营销计划的目标

**愿景**
企业或产品线的未来预期定位是什么

**问题和机会**
1. 对环境扫描的每一部分做出结论，并与愿景相联系
2. 在营销计划中详细说明存在的问题和机会

**销售预测／目标**
1. 根据历史数据和发展趋势，确定目标市场的合理销售量
2. 从销售人员或分销渠道中获取销售预测信息
3. 根据企业的实际财务状况，确定必要的销售额
4. 整合销售预测

**营销目标和定位目标**
1. 明确主要和次要的目标市场／客户
2. 确定必须从每个目标市场中获取多少的业务量才能完成销售目标
3. 根据销售量、销售额或市场份额制定每个市场在特定时期的目标
4. 确定让目标客户如何感知你与竞争对手的产品、服务或企业（即定位目标）

---

**步骤二：制定目标**

- 是否制定了 SMART 目标？是否明确、可计量、可实现，具有结果导向和时效性？
- 这些目标有没有为计划明确方向？
- 在计划周期（例如会计年度）结束时，你是否能够用这些目标来评价成果？

---

## 战略和战术

目标指出了**要做什么**，而战略和战术则详细阐明**如何**完成目标。环境扫描明确了**你现在在哪里**，目标确定了**你想去哪里**，而战略和战术则具体解决了**你怎样到达那里**。战略是为了实现目标而采取的一般方法，为后续的计划提供了参考框架，有助于更好地理解为什么要

采取某些措施；战术则是实现战略的更详细的行动，是计划的有机组成部分。许多企业却模糊了这两者之间的差别，将其用来描述行动计划，阐释如何通过利用或克服环境扫描中确定的机会和问题来实现目标与目的。

我们通过例子来进行说明。假设在进行环境扫描时，你发现客户只购买某种产品，而不购买整个产品线，从而导致商机流失。与这一事实相应的目标可能是："向75%的现有客户销售另一种产品。"实现这一目标的相应战略和战术可能包括：

- 为销售人员推销适当的产品组合制定销售定额与激励机制
- 将销售整个产品线的财务影响告诉销售人员和渠道成员
- 将企业定位为一站式购物的提供者
- 系统化组合产品

产品经理制定战略和战术需要具备一定的创造力。我们总是力图寻找成功的模式可以无风险地应用到产品和服务中去。有时这些模式来自其他企业和行业领导者，有时则来自企业的历史经验。但重要的是要铭记战略应随环境而变化。为了使自己在客户心目中独树一帜，你必须比竞争对手提供更多的价值，但你提供的价值越多，客户的期望也就越高，而竞争对手也会通过不断进步来挑战你的独特定位。这时就需要不断发掘新的独特价值。

在词典中，战略的定义是"为克敌制胜和实现目标而巧妙设计的方案"。从商业角度来看，战略是指超越竞争对手以赢得客户并完成既定目标的计划。西奥多·莱维特（Theodore Levitt）明确阐释了竞争成功的必要条件：

- 企业的目的是创造并留住客户；
- 要达成这一目的，就必须生产和提供客户需要的产品和服务，其价格和条件应该比其他企业更具吸引力，这样才能吸引足够比例的客户，从而使这样的价格和条件是现实可行的。[1]

如前所述，产品经理通常要负责制订产品和服务的年度销售计划。[2]表 3-2 列出了在制定适当的战略和战术过程中需要思考的一些问题和过程。在表 3-2 后面举例说明了与目标相对应的一些可能的战略和战术。

**表 3-2 制定年度营销计划的战略和战术**

**概要**
1. 总结环境扫描的关键信息，以支持销售计划的核心——行动方案
2. 明确销售计划中与上一年度相同的方面（例如，你可能不推介或调整产品）。这样你就能集中关注下一会计年度中有所改变的营销战术，以完成确定的目标

**目标市场**
1. 简要介绍将在随后的营销计划中进行资源配置的主要市场和次要市场
2. 确定各目标市场营销的主要差别，为每个目标市场制定营销目标。如果这些差别十分明显，那么就可能需要根据相应目标制订不同的营销计划

**产品策略**
1. 解释在产品、品牌识别（brand identity）或包装方面的计划做出的相应调整
2. 确定新的配件或其他项目

**定价策略**
1. 描述在定价策略、价位（price point）和标价上的计划做出的相应调整
2. 说明定价策略对销售业绩和利润的影响

**促销策略**
1. 列示和描述终端客户以及采用的渠道促销方案
2. 描述合作广告的相应调整
3. 明确广告信息的主题、承诺、所需的支持和诉求基调

---

[1] 西奥多·莱维特《营销想象力》（The Marketing Imagination），美国纽约自由出版社 1986 年出版，见原书第 43 页。本书国内版由机械工业出版社 2007 年 6 月出版。
[2] 撰写年度营销计划纲要的例子，可参见琳达·哥乔斯所著的《产品经理的第一本书》，详见原书第 113～116 页的表 7-2。

（续）

4. 确定合适的媒体组合
5. 制订具有明确进度安排和预算的媒体计划
6. 提出需要参与或开展的重要商业展览、推销或宣传活动

**销售／分销策略**
1. 提出现场销售策略的结构性调整方案
2. 说明改善经销商、分销商和零售商效益的方案

**产品支持**
1. 明确在保修政策及相关方案方面的相应调整
2. 列出在客户服务或配送策略方面的计划做出的相应调整

**例 3-1　目标**：吸引 150 名 × 公司的客户来购买我们的产品

相应的战略／战术：

- 降低竞争对手客户的转换成本

- 重点关注对产品具有好奇心理的消费群

- 通过免费样品或限时免费使用来降低消费者试用我们产品的风险

- 鼓励消费者用竞争对手的产品折价换取我们的产品

**例 3-2　目标**：按照定价把产品销售份额从 X% 提高到 Y%

相应的战略／战术：

- 根据价格敏感度划分细分市场，并瞄准那些价格敏感度较低的客户

- 根据实际成交价格（price realization）制定销售人员的定额与激励机制

- 提高员工和销售人员的产品知识

- 建立专门渠道保护溢价和品牌资产

- 根据客户的终身购买价值进行营销沟通

- 对产品或所选特色进行重新定位，如"经典"或"怀旧"等

- 确定产品新的市场或用途

> **步骤三：制定战略和战术**
>
> - 是否采用了创新的头脑风暴方法来达成目标结果？切记应寻求与竞争者不同的创意。真正有创意的计划通常与传统观点截然不同。
> - 根据环境扫描的情况，战略和战术是否切实可行？环境扫描能验证计划的合理性或可行性。虽然创新是必要的，但必须切合实际。

## 实施

计划的实施主要包括两个方面，即责任和沟通。战略应该与行动计划及用来衡量计划完成与否的方法相结合。有些衡量方法直接明了，如目标是增加销售额的情况即是如此。但是，如果目标是提高知名度或改变客户认知之类的，那就只能通过调查来直接衡量（或通过销售额的改变来间接衡量）计划是否完成。

实施计划需要人力资源和财力资源。低估两者中的任何一个，计划都有可能达不到预期目标。因此，计划应该包括财务预算表（可能以收入或利润表的形式呈现）和实施进度表（简单的实施计划包括名称、任务和日期），两者的示例见表 3-3 和表 3-4。

表 3-3　×产品线 20__ 年利润预算表

|  | 上一年度 | 销售比例 | 本年度 | 销售比例 | 下一年度 | 销售比例 |
| --- | --- | --- | --- | --- | --- | --- |
| 销售收入 | 元 | 百分比 | 元 | 百分比 | 元 | 百分比 |
| 减价调整 |  |  |  |  |  |  |
| 销售成本 |  |  |  |  |  |  |

（续）

|  | 上一年度 | 销售比例 | 本年度 | 销售比例 | 下一年度 | 销售比例 |
| --- | --- | --- | --- | --- | --- | --- |
| 毛利润 | | | | | | |
| 可控营销费用 | | | | | | |
| 广告 | | | | | | |
| 贸易津贴 | | | | | | |
| 促销 | | | | | | |
| 商业展览 | | | | | | |
| 销售支持 | | | | | | |
| 培训 | | | | | | |
| 可控营销费用合计 | | | | | | |
| 其他费用 | | | | | | |
| 销售人员 | | | | | | |
| 分销 | | | | | | |
| 管理 | | | | | | |
| 其他 | | | | | | |
| 其他费用合计 | | | | | | |
| 费用总计 | | | | | | |
| 利润贡献 | | | | | | |
| 增加/减少 | | | | | | |

表 3-4 实施进度表

| 做什么 | 谁 | 何时 | 多少 | 衡量 |
| --- | --- | --- | --- | --- |
| 活动 | 负责人 | 日期、时间 | 资源预算 | 里程碑 |
| 1. | | | | |
| 2. | | | | |
| 3. | | | | |
| 4. | | | | |

对内部员工及相关问题而言，实施进度表或许是适用的，但如果需要由销售人员负责实施，就可能没什么用处，因为这需要较强的人际交往能力和说服力，详见第 1 章和第 9 章中的相关内容。

产品经理在执行年度计划时会面临一个特殊挑战，即帮助销售管理人员将营销计划转变为销售计划。这一转换需要将市场描述转换为客户概述，将总体销售目标转换为特定区域的目标，将预期的客户用途转换为销售人员据以判断"适合什么样的客户"的问题，并将营销沟通转换为销售沟通。

> **步骤四：实施计划**
>
> - 是否已确定并获得计划中所需的资源（包括人力和财力资源），并取得相应的承诺？为了防止计划被束之高阁，必须积极推动计划的实施。
> - 是否与执行计划的相关人员进行了愿景沟通，并获得了其认同？真正的认同要求相关人员不仅赞同愿景和战略，而且还乐于帮助实施。

## 跟踪

实施计划自然需要进行**跟踪**。跟踪是指用明确的衡量方法和里程碑，对计划目标的实施进程进行评估。跟踪的衡量方法应列入计划，且需要得到负责该计划实施的相关人员的认可。产品上市里程碑方面的范例详见第 9 章，其他里程碑则与业已确定的计划目标相关。如果目标是通过新的销售渠道使年度销售额达到 X 美元，那么你希望第一季度分销商有多少存货？如果目标是改变客户的认知，那么就需要进行一系列的小型调查。这些都在进行吗？请注意图 3-2 中行动计划和衡量方法之间的联系。

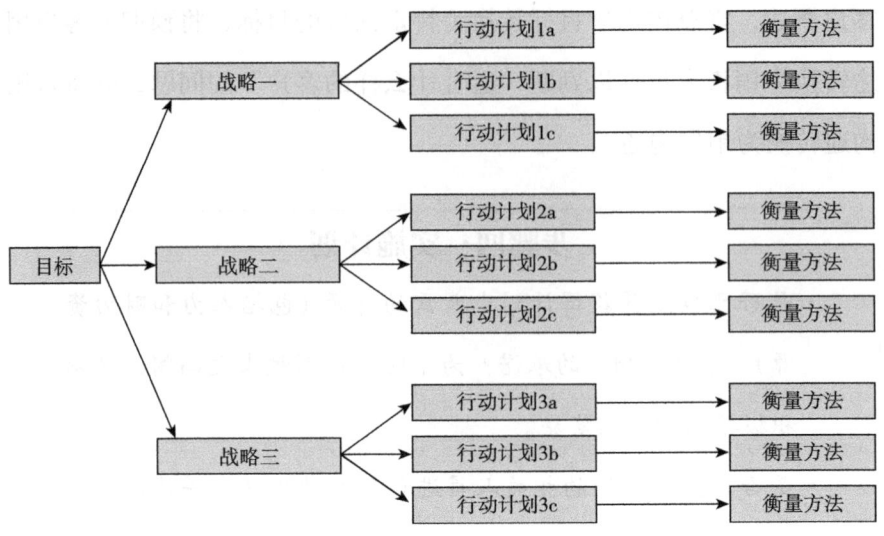

图 3-2　战略和衡量方法的关联

### 步骤五：跟踪计划实施

- 是否已经确定跟踪的衡量方法及具体的时点？跟踪计划的进程有助于尽早地发现问题，从而让你及时采取纠正措施。
- 计划的衡量方法是否与计划的目标相关？注意不要追踪那些与计划目标和战略战术无关的衡量结果。

## 关键要素

➤（从时间、规模和具体产品等方面）明确计划范围，这是计划的起点。

➤数据收集是环境扫描的部分内容，可为解决"你现在在哪里"这一问题提供事实依据。

➤制定战略和战术的目的是缩小"你现在在哪里"和"你想

去哪里"之间的差距。
▶ 确定并获得执行计划及其所需资源的承诺。
▶ 确定跟踪实现最终目标和目的进程的具体衡量方法和里程碑。
▶ 请记住,未来不是你将要去的地方,而是你正在创造的地方,而商业计划就是带领你到达那里的路线图。

## 计划清单

**明确范围**

| | | |
|---|---|---|
| 是否已经明确了计划范围? | 是 | 否 |
| 计划的目标使用者是否明确? | 是 | 否 |

**环境扫描**

| | | |
|---|---|---|
| 是否已经列出高层业务目标? | 是 | 否 |
| 是否对目标客户有了详细的了解? | 是 | 否 |
| 是否充分掌握了竞争的详细情况,从而验证了你的优势? | 是 | 否 |
| 是否已经分析研究了可能影响计划的外部趋势或事件? | 是 | 否 |
| 是否已经对企业在产品方面的优势和劣势做出了客观的评价? | 是 | 否 |
| 是否已对产品进行了简要而全面的竞争分析? | 是 | 否 |

### 目标与目的

| | | |
|---|---|---|
| 能否明确阐述产品的长期目标? | 是 | 否 |
| 年度目标是否有利于实现长远目标? | 是 | 否 |
| 目标是否符合 SMART 原则? | 是 | 否 |

### 战略和战术

| | | |
|---|---|---|
| 战略和战术是否解释了如何从"现在在哪里"向"要去哪里"的目标前进? | 是 | 否 |
| 根据环境扫描的结果,战略与战术是否现实可行? | 是 | 否 |

### 实施

| | | |
|---|---|---|
| 为了确保战略和战术的实施,计划是否明确了所需的人力资源和财力资源? | 是 | 否 |
| 是否已经获得了参与计划实施的主要部门的承诺? | 是 | 否 |

### 跟踪

| | | |
|---|---|---|
| 是否有明确的衡量方法和里程碑来监控达成目标的进展情况? | 是 | 否 |

# 第 4 章

# 市 场 研 究

> 因受已有知识的束缚，我们很难想象自己所不知道的东西。
> ——花旗银行前总裁沃尔特·里斯顿（Walter Wriston）

为了获取环境扫描所需的数据，必须搜集市场和竞争对手的信息。最佳实践企业一般都会有一本包含相关业务信息的**知识手册**（knowledge book），以形成**机构记忆**（institutional memory）。[1]产品经理也需要为其职能领域编制和更新资料手册（fact book）来提供类似的信息。[2]其中，许多信息可以通过诸如小道消息之类的非正式途径获取，而销售人员、商业展览及其他人员则是这种非正式信息的来源。虽然信息来源于非正式网络，但对产品经理确实非常重要，因此他们不仅需要对此予以认真关注，还需要积极培养发展这种非正式网络。

---

[1] 详见罗伯特·杜波夫和杰姆·斯贝斯的《市场研究很重要》（*Market Research Matters*），美国纽约约翰·威利父子出版公司2000年出版，原书第96页。

[2] 有关产品资料手册的信息，详见琳达·哥乔斯的《产品经理的第一本书》，美国芝加哥NTC商业出版公司2000年出版，原书第134页。

## 建立信息来源网络

对大多数工业产品和消费产品经理而言，销售人员和渠道成员提供了大量的研究数据，如消费者需要什么、竞争对手采取了什么行动、出现了哪些新的变化等。这些数据的获取往往是不稳定的，且难以预测，因此，改进信息搜集的过程对产品经理是很有好处的。了解销售人员呈交给企业的客户访问报告及其他报告，并据此建立竞争机制和市场反馈机制，这些对产品经理都是很有用的。若销售人员在此过程中能认识到其中的价值（例如，区域间的信息分享可以提供各种创意），这对达成交易是很有帮助的。另外，如果他们的贡献能得到企业的认可（如在年度销售会议上受到表扬等），他们就会更有积极性。

行业分析师以及相关商业媒体从业人员都很关注外部趋势和竞争战略。领先用户是趋势数据的另一种来源，特别是在新产品方面（第8章详细介绍了研究领先用户的信息）。产品经理应设法创建专家信息来源网络，在制订计划或进行决策需要收集各种情报时，就可以利用这一网络。

---

**基本步骤：建立和维持非正式信息来源网络**

是否确定了对行业、产品和客户具有真知灼见的人员（如行业分析师、领先用户、重要客户、销售人员和分销商等）？是否经常联系？是否建立了一个互惠互利的信息交换机制？

## 确定研究问题

除了非正式的网络,产品经理还需要基本了解**正式研究**(formal research)。正式研究可分为一手数据研究和二手数据研究、定性研究和定量研究等类型。**一手数据研究**(primary research)是指为某一特定问题收集信息而设计研究方案的过程。**二手数据研究**(secondary research)是指收集并非专门为本研究收集的信息的过程。例如,上网或图书馆搜索资料都属于二手数据研究。**定量研究**(quantitative research)是指通过从相当大的概率样本中获取量化的数据(百分比、平均值等)来推断样本的总体特性。**定性研究**(qualitative research)是指从小样本中收集更深入也更主观的信息。案例研究和焦点小组通常可以被用来进行定性研究。研究过程的步骤如图 4-1 所示。

研究过程首先应尽量简明扼要地陈述营销或管理问题,遵循行动导向的原则。研究的真正价值在于帮助你**做了**什么(do),而不只是让你**知道了**(know)什么,因此,问题的陈述应能反映这一点。例如,与其简单地说你想研究定价策略,还不如这样阐述研究问题:"我们是否应该提高价格?如果我们需要提高价格,应该提高多少?"然后,提供足够的证据以证明这是一个值得研究的问题,而证据有多种来源途径。竞争对手降价时,你的销售量开始下跌;销售人员的订单流失报告也指出了潜在的定价问题。最后,应该指出还有哪些衍生的具体问题,以及解决这些问题的可行的研究方法。

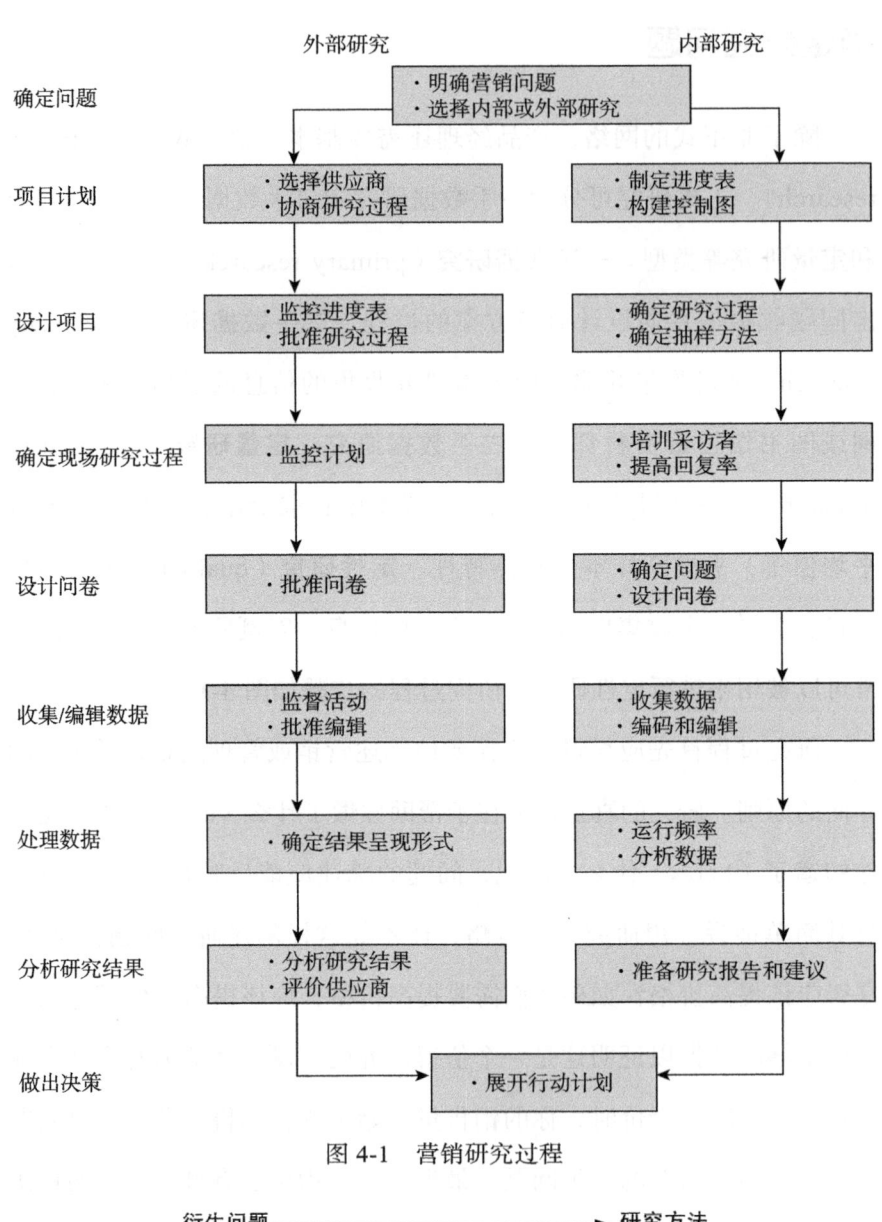

图 4-1 营销研究过程

| 衍生问题 | 研究方法 |
|---|---|
| 过去客户对价格敏感吗？ | 分析销售记录，评估客户对过去价格变化的敏感度。 |
| 不同的细分市场是否有不同的价格敏感度？ | 比较过去对价格最敏感和最不敏感的客户情况。 |
| 客户忠诚度如何？ | 分析客户交易记录，评估其忠诚度能维持多久。 |

表 4-1 所提供的工作表可以帮助你在营销研究过程中全面深入地思考营销问题。表 4-2（营销研究创意构思）则列示了明确研究问题的其他方法。

**表 4-1　确定研究问题工作表**

营销问题：_____

证据：
1. _____
2. _____
3. _____

衍生问题：_____ ➤ 研究方法：_____
_____      _____
_____      _____
_____      _____

**表 4-2　营销研究创意构思**

营销计划问题示例

| 计划过程的阶段 | 需要解决问题的类型 | 来源/方法示例 |
|---|---|---|
| 环境扫描 | | |
| 业务评估 | • 长、短期的目标、使命和目的分别是什么<br>• 在现有客户、潜在客户及分销渠道成员心中的企业形象是什么 | • 内部文件<br>• 销售人员意见<br>• 焦点小组和调查<br>• 内部网调查 |
| 市场分析 | • 整个市场的规模和增长率如何<br>• 存在哪些细分市场<br>• 可以开拓哪些新市场<br>• 影响产品销售的关键购买因素是什么<br>• 消费者偏爱什么品牌？在什么价位？为什么<br>• 我们在这类市场中的渗透程度如何？为什么？我们当前及预计的市场份额是多少<br>• 最佳客户和定期客户（periodic customer）有什么区别<br>• 我们客户的忠诚度如何 | • 人口统计数据<br>• 行业贸易的出版研究部门<br>• 行业协会的报告<br>• 与市场人口统计特征对应的客户销售记录<br>• 客户满意度研究<br>• 客户来信和投诉<br>• 容易操作的内部记录数据库<br>• 基于聚类分析的（cluster-based）市场细分 |

（续）

| 计划过程的阶段 | 需要解决问题的类型 | 来源 / 方法示例 |
|---|---|---|
| **环境扫描** | | |
| 竞争分析 | • 在哪些产品、市场和区域竞争？谁是最主要的竞争对手<br>• 竞争对手的市场形象如何<br>• 竞争对手的优势和劣势分别是什么<br>• 竞争对手的主要战略是什么 | • 竞争情报<br>• 具体策略构成的数据分析<br>• 标杆学习<br>• 网站研究 |
| 历史绩效 | • 在过去三年，产品线的销售趋势如何（销售数量和额度）？与整个行业相比怎样？与计划相比又如何<br>• 产品有哪些显著且重要的特色/利益<br>• 客户和竞争对手对定价的反应如何<br>• 哪些广告宣传方式行之有效或行之无效？现在的产品知名度如何<br>• 对交易的满意度如何<br>• 终端客户的满意度如何（及时性、递送准确度、投诉、付款条件、保修服务） | • 内部记录<br>• 品牌信誉研究<br>• 客户满意度研究（纵向研究）<br>• 保修期理赔分析<br>• 标杆学习 |
| 动态趋势 | • 未来技术如何变化？将怎样影响销售<br>• 行业未来的发展趋势如何<br>• 有什么经济或社会趋势可能会影响销售 | • 剪报<br>• 商业出版物<br>• 平行（面板）数据<br>• 纵向数据<br>• 个性化电子邮件服务 |
| **综合分析** | | |
| 销售预测 | • 历史销售模式如何<br>• 根据管理投入情况，预测销售额是多少<br>• 存在什么样的领先指标？与销售额有什么关系 | • 时间序列分析<br>• 根据销售人员、管理团队和其他专家的意见进行预测<br>• 用精选的领先指标和/或战略投入资源进行回归分析 |
| 明确定位 | • 相对于竞争对手而言，客户如何看待我们的产品/企业？而我们又希望得到什么样的评价 | • 知觉图 |
| **行动方案** | | |
| 产品策略 | • 应增加哪些产品线的延伸产品？如何减少"产品同类相残"<br>• 产品有哪些新的使用和应用方式<br>• 我们可以形成什么新产品创意<br>• 客户对新产品概念有什么反应<br>• 营销策略是否适合新产品 | • 对产品线延伸进行 TURF（最适合产品组合）分析<br>• 客户访谈活动<br>• 焦点小组<br>• 目标细分研究<br>• 概念测试<br>• 市场测试 |

（续）

| 计划过程的阶段<br>行动方案 | 需要解决问题的类型 | 来源/方法示例 |
|---|---|---|
| 定价策略 | • 应使用哪两种（或多种）产品/价格组合<br>• 如何提高客户感知的价值 | • 权衡分析（trade off analysis）<br>• 研究产品特色的重要性及感知的竞争性 |
| 促销策略 | • 我们向客户传达什么信息<br>• 在两个（或多个）广告、邮件、网页中，哪个更有效 | • 态度/态度变化<br>• 广告文案测试（预测试）<br>• 记忆测试<br>• 对比测试（split-testing） |
| 分销策略 | • 可以获取终端客户的什么信息<br>• 分销商、销售代表和供应商的满意度如何 | • 销售点（POS）活动数据<br>• 渠道成员的满意度研究 |

要确定研究问题，在很大程度上需要评估整个项目的要求。对于需要确定的研究问题，最迟可以在什么时候回答？你可以从最后的报告日期开始往前推算，以此来决定具体的时间安排。什么时候应该完成数据收集工作？什么时候聘用和培训访谈人员？什么时候完成问卷设计？然后，还要决定企业内部是否有时间、能力和资源来完成研究工作，或是否需要外包研究工作。如果需要外包，就应发布书面招标书（RFP），列明研究课题、所需技能、截止时间以及其他如报酬、保密条款、对原始资料的所有权等商业事项。

确定研究问题的定义也需要进行二手数据研究。哪些行业协会的资料可以帮助你更好地了解问题？企业以前的研究文献是否能够帮助该阶段的评估？是否有政府统计数据能够预测未来趋势，或有何合适的**领先指标**（leading indicator）？二手数据研究的重要性体现在许多方面：可以帮助你更好地明确问题、改进研究方法及提供比较数据等。然而，你也应十分谨慎地使用这些数据。尤其重要的是，你需要评估一般性数据是否符合研究问题的要求。如果该二手数据研究原本是为不同行业或细分市场所做的，那么就可能需要对其进行适当调整以适应你的要求。另外，你还应考虑当初发布这些资料的目的，评估其是否可能存在偏见。无论是政党、民间团体、宗教还是商业组织，都有可能有意无意地扭曲最初的研究结果。你还应该了解这些研究信息的质量。问题措辞和词语使用是否合适？研究方法是否适当？在书面报告或文章中是否有概念性错误？表 4-3 列出了可从二手数据研究中获得的信息类型。

表 4-3　市场分析

| 事业部 | | 产品类别 | | 产品线 | | | | | 市场 | | | |
|---|---|---|---|---|---|---|---|---|---|---|---|---|
| 客户人口统计特征类别 | 行业购买者数量 | 客户在行业中的百分比 | 占企业销量的百分比 | 行业总销量 | | 行业总收益 | | 行业平均收益 | 产品销量 | | 产品销售收益 | | 平均收益 |
| | | | | 件数 | 百分比 | $ | 百分比 | | 件数 | 百分比 | $ | 百分比 | |
| | | | | | | | | | | | | | |
| | | | | | | | | | | | | | |
| | | | | | | | | | | | | | |
| | | | | | | | | | | | | | |
| | | | | | | | | | | | | | |
| 总计 | | 100% | 100% | 100% | | $ | 100% | $ | 100% | | $ | 100% | $ |

> **步骤一：明确研究问题**
>
> 你是否明确阐述了营销问题、衍生问题及相关的研究方法？除了你想知道的信息之外，研究的重点是否放在了将要做什么上？在进行一手数据研究之前，是否仔细分析了二手数据？你已经知道了什么？能否在不需要再进行研究的情况下就进行决策？需要对目前的环境进行横断面研究，还是需要做长期的纵向研究？错误决策的风险是什么？计划的研究是否用来验证已做出的决策（若是，请别做这一研究！）？企业内部是否具备了开展研究的专业知识和资源？有哪些研究和分析可以在内部进行，又有哪些可以外包？

## 研究设计及进度安排

在确定研究问题后，下一步是研究设计及进度安排。这两者常常是交叉进行的，没有明晰的先后顺序之分。在这一阶段应选取调查方法的类型。虽然焦点小组、实验与市场测试都是很重要的市场研究方法，但本章重点介绍调查方法。其中，邮寄调查可能比较适合定量研究，而人员访谈则比较适合定性研究。只要对样本进行适当的控制，我们就可用电话访谈和邮寄调查进行定量和定性研究。表4-4比较了各种调查方法。各种调查方法都有一些共同的优缺点。目前，不管使用何种方法，调查回复率正在逐渐下降，如果能进行多方的接触和激励，各种调查方法就可以提升效果。表4-4主要关注各种调查方法之间的差异性。

表 4-4 调查方法的比较

| | 邮寄调查 | 电子邮件调查 | 电话访谈 | 人员访谈 |
|---|---|---|---|---|
| 优点 | • 适用于敏感性问题<br>• 感觉上更具保密性或匿名性 | • 回复速度最快<br>• 最适合简短的调查 | • 回复快<br>• 可融合开放式问题与封闭式问题<br>• 最适合简短的调查 | • 可以和访谈对象建立融洽的关系<br>• 适合复杂的问题 |
| 缺点 | • 可能会被误以为是"垃圾信件"<br>• 速度慢<br>• 可能会因为问题的先后顺序而产生偏见 | • 易被删除<br>• 可能被误以为是"垃圾电子邮件"<br>• 不是所有潜在的受访者都有电子邮箱 | • 越来越多的电话被用来连接传真机或电脑<br>• 可能会遇到语音留言、来电显示、防止陌生来电等阻碍接听的情况<br>• 耗费人力 | • 耗费人力<br>• 访谈者可能存在潜在的偏见 |
| 改进措施 | 邮寄问题顺序不同的信件 | 仔细斟酌邮件开头的主题用语 | 错开高峰时段拨打电话 | 利用商业展览及类似的集会来降低成本 |

　　样本选择是研究设计的一个重要部分。你想获取什么样的总体信息？你应该调查当前客户、过去客户，还是非客户群体？某一规模或行业的企业是否比其他更重要？请注意，样本数据只能反映从中抽取的总体特征。换句话说，从某一行业抽取的样本通常不能反映另一行业的特征；从某一区域抽取的样本也不能够反映另一区域的情况，至少不能忽视事实上可能会存在的差异。不幸的是，很多人在选择样本的时候，没有考虑到样本与其感兴趣的总体之间的关系。

　　样本大小是另一个需要考虑的重要因素。一般来说，如果要进行定性研究，那么相对较小的非概率样本会比较合适；如果要进行定量研究，那就需要抽取较大的概率样本。样本大小取决于总体的差异性。如果你要从同质性的总体中抽样，那么就只需要抽取较小的样本。随着总体的异质性程度的提高，样本大小也应相应改变。

> **步骤二和步骤三：研究设计及进度安排**
>
> 你是否根据所需数据的类型而选择了相应的调查方法？你是否明确阐述了期望回应者（如总体）的基本情况？样本大小是否充分反映了总体的差异性？

## 确定现场研究过程

一旦明确了研究方法，就需要着手确定现场研究过程。列出可能需要进行邮寄调查、电子邮件调查或电话访谈的潜在受访者名单（即抽样框），还应聘请或培训进行电话访谈或人员访谈的工作人员。

产品经理经常需要参与抽样框的选择或确定（这对焦点小组和调查都是一样的）。若"错误"的受访者参与了研究，获取的信息就会无法满足项目的要求。如果你希望通过分销商销售产品来调查终端用户，那么你想要获得合适的调查名单就不那么容易了。因此，有必要与名单提供者或直复营销机构合作，以便选择最合适的名单。美国直复营销协会（the-dma.org）和《标准收费和数据服务指南》（Standard Rate and Data Service Guide，srds.com）都有这方面的资料。同样地，如果回复率太低，结果可能会产生误导。因此，应该以多种方式接触受访者，并将这一费用列入预算中，以提高回复率。

如果采访者需要参与现场研究过程，那么就有必要对他们进行仔细的监督，以保证他们所收集的信息不含偏见。这就需要为现场研究工作人员提供指导，具体包括：

- 确定调查内容
- 确定调查的开始时间和结束时间
- 如何选择受访者
- 如何进行访谈及如何与受访者建立融洽的关系
- 如何提出问题及确定提问的次序
- 如何选择探讨方法、鼓励对方回答和帮助记忆
- 如何分析调查问卷
- 如何处理已完成的调查问卷
- 何时和如何支付采访者的报酬

---

**步骤四：确定现场研究过程**

你是否有一份可进行抽样的完整的受访者名单，其中包括姓名、地址、电子邮件和电话号码等信息？该名单是否能够反映要研究的群体（如总体）？为了提高回复率，你是否考虑了多次联系潜在受访者的激励措施、所需能力和时间？如果进行电话访谈或人员访谈，采访者是否应接受培训？你是否建立了质量控制机制？

---

## 问卷设计

问卷设计实际上包含这样几部分内容：（1）说明信；（2）填写说

明；(3)问题设计，包括内容、措辞、回复格式、顺序设计；(4)分类数据；(5)结束语。此外，只有在问卷（数据收集工具）进行预测试及完成相应的修正后，问卷设计才算结束。

### 说明信

问卷的说明信是给受访者的第一印象，因此应写得专业、礼貌，能鼓励受访者完成问卷。说明信应解释如何选择受访者、该项研究的发起人和研究项目的重要性、问卷信息的保密性或是否可以匿名等。此外，它还应说明问卷的管理问题，比如如何归还问卷（即使可以传真，也应内附一封贴有邮票的信封）、回复时间（如果有必要的话）及所提供的有关奖励措施。

### 填写说明

虽然许多问卷让人一目了然，但有时候还是需要填写说明。填写说明应尽量简洁明了，并能与问题清楚分开。如果你需要用范例来帮助受访者更好地回答问题，你应谨慎地选取范例，以免造成受访者的偏见。

### 问题设计

问题设计的内容应能清晰地反映研究目的。尽量避免问一些与研究目的没有直接关系或多余的问题。切记，多一个问题就会增加问卷的长度，从而降低受访者回复的意愿。有时候，你需要设计一些过滤性的问题（filter question，例如，你在过去一年是否用过我们的产品）来验证或解释随后的回答。

问题的措辞应清楚、客观。有时候，如果两个问题比一个问题表达得更清晰或能得到更明确的回复，那么就要设计成两个问题。例如，如果问题是要请受访者评价企业的产品质量和对客户的友好程度，那么受访者很有可能对两者分别打分。此时，最好设计成两个独立的问题。你必须决定问题是采取开放式的（没有回答类别选项），还是封闭式的。开放式的问题适用于定性研究，如果运用恰当，可以得到比较深入的回答。封闭式的问题则适用于定量研究，也更适合输入数据库进行分析。然而，封闭式问题的回答类别选项必须精心设计。

大多数研究教材建议回答类别选项应该"互相排斥且完全穷尽"，即选项应包含所有可能的答案，没有遗漏。例如，20同时包括在"10～20"和"20～30"这两个回答类别选项中，所以，这两个答案选项就不是互相排斥的。另外，这两个类别选项的涵盖范围也没有完全穷尽，因为小于10和大于30的部分没有涵盖在选项中。从实际的角度看，这意味着"不知道""不适用"以及"其他"等选项都应出现在多项选择中。

问题的排列顺序有很多种。常见的方法是**漏斗深入法**（funnel approach），即开始的问题设计得较为宽泛，而后逐渐缩小问题的焦点。同时，在问卷开始的时候应该把问题设计得简单、有趣，当受访者真正参与到调查中时，再逐渐出现更难和更敏感的问题。所有问题的顺序应合乎逻辑，类似的内容、说明和反应量尺（response scale）最好放在一起。有时候，你无法判断一个问题的回答会不会对后续的问题产生影响。这时，你可以根据问题的排序不同，寄出不同版本的问卷以均衡这种效应。

**分类数据**

问卷中应包含人口统计特征方面的分类数据，以便对结果进行交叉列表分析。某些受访者是否倾向于用某一种方式回答，而另一些则倾向于用另一种方式？人口统计特征的回答类别应与想用来进行信息分类的各种公开来源的回答类别一致。例如，如果你想把回答归类到某种人口统计类别，那么问题的回答类别就应与人口统计数据的类别一致。

**结束语**

问卷结尾应有合适的结束语，你应该感谢受访者花时间来填写问卷，提醒他们会得到适当的奖励（礼品），并鼓励他们寄回已完成的问卷。

**预测试**

设计问卷的最后一步是预测试——将问卷终稿交给潜在的受访者，以评估他们准确完成问卷的能力，并决定是否需要修改措辞，或是否需要添加不同的问题。预测试的目的与新产品开发中的 $\beta$ 测试是一样的，可用来评估在真实情况下问卷是否能够有效地收集数据。

> **步骤五：设计问卷**
>
> 是否写了既专业又能激励受访者填写问卷的说明信？问卷中是否有明确的填写说明？对研究来说，每个问题是否都是充分必要且合适的？措辞是否没有什么偏见？回答选项是否包括了所有可能的情况并且无交叉重复？问题顺序是否符合逻辑？是否把相似的问题都恰当地归类到了一起？问卷中是否包含了人口统计特征方面的问题？在正式使用问卷之前，是否经过了预测试？

## 数据的搜集、编辑和编码

问卷经过预测试之后，就应尽早开始搜集数据。邮寄调查是将问卷寄出去，然后等待寄回。在对采访者的调查中，应建立确保回访和质量控制的系统。定期检查已完成的问卷，以尽早确认并修正任何人为的错误或偏见。

编辑和编码是这一过程中的后续步骤。**编辑**（editing）是指检查数据收集表（如问卷）的过程，确保数据收集是遵循说明或指示来完成的，并保持完整和前后一致。对问卷中潜在的问题需要做出如何处理的决定。例如，如果对两个问题的答案前后矛盾，调查者就必须决定是忽略这两个问题的答案，还是取消整份问卷。若出现某个受访者弄错了反应量尺（误以为"1"表示最高程度，其实应该选"5"才对），研究者则需要决定是改正相关问题的分值，还是取消整份问卷。若没有进行编辑（或编辑不当），用于分析的数据就会得出不准确的结论。

编码（coding）是指给问题的回复分配数字的过程，以便进行定量分析。对大多数封闭式问题（如多项选择题和量尺评分问题）而言，在设计数据收集表时就应已完成编码；而对开放式问题来说，则有必要将结果分类，并为每一类别进行编码。若先前已做过类似的研究，则可参考先前的编码方式。需要注意的是，应根据不同的内容而非文字进行编码，而且还要注意某些书面选项需要多个编码。为了后续分析，应将编码的数目限制在可控的范围。产品经理可能需要参与编制编码本来记录所有的编码信息。

这一过程的最后是，将数据输入相关的电脑程序。对小型调查来说，电子表格（如 Excel 等）就已够用了；而对规模较大的研究，则可能需要使用统计数据库（如 SPSS 等）。

> **步骤六：搜集、编辑和编码数据**
>
> 在搜集数据过程中是否设定了质量控制点？在输入电脑程序前，是否已对数据收集表进行了编辑？为了方便交叉列表分析和其他分析，有没有编制编码本将书面回复进行分类编码？有没有将相关信息输入电脑程序？

## 数据处理和决策

最后一步是分析研究结果。首先，应将回复内容（如使用频率）整理成简单的表格（即次数统计），以检查是否有离群数据或遗漏数据等错误。其次，应根据问题的类型而采取相应的分析方式。在营销研究中，衡量回复（答案）的主要类型有类别/名义量尺（nominal scale）、顺序量尺（ordinal scale）、等距量尺（interval scale）和比例/等比量尺（ratio scale）。

**类别/名义量尺**只是一种分类的名称。例如，男性与女性、用户与非用户都属于类别量尺。此类信息通常用百分比的方式进行分析。

**顺序量尺**也是一种分类方式，但它是一种有次序的分类。好、较好、最好就是一种顺序量尺，因为这些类别的价值是不同的："最好"优于"较好"，"较好"胜过"好"。然而，即使用数字1、2、3等序数来表示不同的类别，若要用来计算其平均值也还是不合适的。

**等距量尺**比顺序量尺更为精确，其类别之间是等距的，因此可用来计算平均值。例如，若要求受访者用1~5的量尺来进行评价，假设1与2之间的差距同2与3、3与4、4与5之间的差距相同。换句话说就是，各类别之间的间隔是相同的。

还有一种量尺是**比例/等比量尺**，它有绝对的零值，不太适用于市场研究，而更适用于科学研究。

对问题进行交叉列表分析时，所用的量尺类型对于选择合适的统计方法是很重要的。例如，若研究的目的是确定用户和非用户对某产品或问题是否具有不同态度，那么，如果对用户和非用户采用类别量尺，分析方法就会受到限制，只能用卡方检验（chi-square）或方差分析（ANOVA）。另外，若要比较两个采用等距量尺的问题（如广告开支和销售额），就可以使用线性回归分析方法。在此需要注意的是，设计问卷时使用的回复类型会影响搜集数据之后可能使用的统计分析方法。

市场研究的最后一步是决策。若此时还不能做出决策，那么研究就没有完成目标。

> **步骤七：数据处理和决策**
>
> 是否可用一个调查结果的简单表格来确定数据输入中的随机错误或在编辑过程中没有注意到的异常回答？是否使用了与问题类型相应的统计方法？是否对研究结果进行了深入的思考和评估，从而做出合理的决策？

### 关键要素

➤ 与经过选择的销售人员、行业分析师及其他对市场及竞争等方面有见解的人员建立并维持良好的关系。

➤ 从在知道结果的情况下将采取什么行动的角度来明确阐述研究问题。

➤ 如果可能，尽量采用多种接触方式，以提高回复率。

➤ 切记，根据样本数据得出的结果只能用来反映其总体的情况。

➤ 精心培训采访者，最大限度地降低人为偏差。

➤ 设计问卷时，尽可能鼓励受访者诚实、积极地参与，尽量避免引起任何偏见。

➤ 在大规模的收集数据之前，应对问卷进行预测试。

➤ 在数据的搜集、编辑和编码过程中，应建立质量控制点。

➤ 根据最初的研究目的分析数据。

# 调查清单

## 营销计划问题

在不做任何研究的情况下，你是否能做出决策？　　　　是　否

企业内部是否具备足够的技能来进行市场研究？　　　　是　否

如果需要外部的帮助，是否已评估过可能的研究供应商？

　　　　　　　　　　　　　　　　　　　　　　　　　是　否

是否对要研究的问题有一个明确的界定？　　　　　　　是　否

是否为研究项目设定了完成的期限？　　　　　　　　　是　否

## 研究设计问题

是否确定了需要的是定性数据还是定量数据？　　　　　是　否

是否需要不同类型的研究设计方案？　　　　　　　　　是　否

研究设计是否与要求的进度计划一致？　　　　　　　　是　否

## 调查设计问题

为了确定哪个最适合要求，是否比较过电话访谈、邮寄调查、人员访谈和电子邮件调查的优缺点？　　　　　是　否

是否选择了合适的调查总体和样本？　　　　　　　　　是　否

为了完成研究目标，选取的样本是否足够大？　　　　　是　否

在设计研究项目的进度和预算时，是否考虑过多次接触受访者？　　　　　　　　　　　　　　　　　　　是　否

如果研究中要用到访谈人员，是否对他们进行了训练？

　　　　　　　　　　　　　　　　　　　　　　　　　是　否

在预算中是否考虑了给受访者的回复奖励？　　　　　　是　否

**问卷问题**

| | | |
|---|---|---|
| 如果采用邮寄调查方式,是否已准备好合适的说明信? | 是 | 否 |
| 问题能否得到受访者诚实和认真的回答? | 是 | 否 |
| 在问卷中是否给受访者提供了清晰的填写说明? | 是 | 否 |
| 问题的答案能否让你区别出不同类型的回复者? | 是 | 否 |
| 每个问题都是一个独立单一的问题吗? | 是 | 否 |
| 问卷中设计问题是否不带任何偏见? | 是 | 否 |
| 整份问卷的布局是否看起来很有吸引力并很容易完成? | 是 | 否 |
| 在大规模收集数据之前,是否对问卷进行过预测试? | 是 | 否 |
| 问卷中是否包含了人口统计特征方面的问题? | 是 | 否 |
| 在问卷的结尾,是否设计了感谢受访者参与的结束语? | 是 | 否 |

**数据分析问题**

| | | |
|---|---|---|
| 是否对回收的问卷进行了编辑,以保证问卷的质量? | 是 | 否 |
| 是否为开放式问题编制了编码本? | 是 | 否 |
| 在输入数据之前,是否对所有的问题进行了编码? | 是 | 否 |
| 是否检查了输入数据的准确性? | 是 | 否 |
| 为了确保使用合适的统计分析方法,是否对问题回复的衡量方式明确了类别/名义量尺、顺序量尺、等距量尺和比例/等比量尺等? | 是 | 否 |
| 是否为研究报告的使用者准备了适当的视觉工具来呈现最终的研究结果? | 是 | 否 |

# 第 5 章

# 计划的财务基础

> 我们的开支其实并没有超出预算,只是分配的资金入不敷出。
>
> ——商业作家凯思·戴维斯(Keith Davis)

由于企业的要求不同,产品经理可能需要管理成本中心、收入中心或利润中心。然而,对大多数产品经理而言,即使短期营销计划没有明确利润目标,利润也仍然是战略计划的重要目标之一。因此,产品经理对财务职能应有一个基本的了解,这是很重要的。然而,即使是经验丰富的产品经理,有时候也不太清楚其所做事情的财务原因。但产品经理如果要在企业内生存发展,就必须向财务管理人员陈述或与其讨论业务情况(无论是年度预算审批还是新产品开发)。

与产品经理最密切相关的两大财务报表是利润表(也称损益表)和资产负债表。大多数产品经理会有某种形式的其管理产品的利润表,有些甚至还会有资产负债表。利润表列示在一定时期内(如一个会计年度)某一企业、业务单位、产品线或产品经理的收入和支出情况。表 5-1 举例说明了企业、产品经理和产品利润表之间的关系。资产负债表则反映企业在某一时刻（通常是会计期末）的资产、负债和权益状况。如果不考虑外部筹资因素，那么各会计年度资产负债表之间的差异就是由利润表所引起的，如图 5-1 所示。

表 5-1　利润表构成比较　　　　　　　　　（单位：美元）

| | 企业整体 | 产品经理 1 | 产品经理 2 |
|---|---|---|---|
| 销售收入 | 900 000 | 500 000 | 400 000 |
| 变动成本 | | | |
| 　销售成本 | 400 000 | 270 000 | 130 000 |
| 　其他变动成本 | 100 000 | 70 000 | 30 000 |
| 　变动成本小计 | 500 000 | 340 000 | 160 000 |
| 边际贡献 | 400 000 | 160 000 | 240 000 |
| 　减：直接固定费用 | 150 000 | 80 000 | 70 000 |
| 产品经理毛利 | 250 000 | 80 000 | 170 000 |
| 　减：共同固定费用 | 160 000 | | |
| 净利润 | 90 000 | | |

| | 产品经理 2 | 标准产品 | 定制产品 |
|---|---|---|---|
| 销售收入 | 400 000 | 150 000 | 250 000 |
| 变动成本 | | | |
| 　销售成本 | 130 000 | 50 000 | 80 000 |
| 　其他变动成本 | 30 000 | 20 000 | 10 000 |
| 　变动成本小计 | 160 000 | 70 000 | 90 000 |
| 边际贡献 | 240 000 | 80 000 | 160 000 |
| 　减：直接产品费用 | 30 000 | 10 000 | 20 000 |
| 产品毛利 | 210 000 | 70 000 | 140 000 |
| 　减：共同固定费用 | 40 000 | | |
| 净利润 | 170 000 | | |

| | 定制产品 | 建筑商 | 住宅型客户 |
|---|---|---|---|
| 销售收入 | 250 000 | 180 000 | 70 000 |
| 变动成本 | | | |
| 　销售成本 | 80 000 | 60 000 | 20 000 |
| 　其他变动成本 | 10 000 | 3 000 | 7 000 |
| 　变动成本小计 | 90 000 | 63 000 | 27 000 |
| 边际贡献 | 160 000 | 117 000 | 43 000 |
| 　减：直接市场费用 | 10 000 | 7 000 | 3 000 |
| 客户细分毛利 | 150 000 | 110 000 | 40 000 |
| 　减：共同固定费用 | 10 000 | | |
| 净利润 | 140 000 | | |

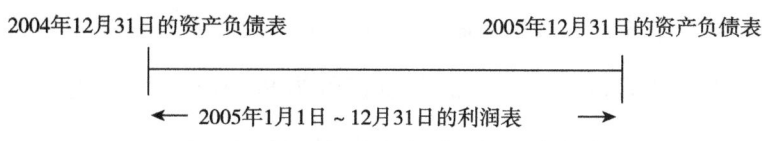

图 5-1　利润表所造成的年度间资产负债表的差异

为了不断改进与企业整体业绩相关的产品和服务的长期财务业绩，产品经理应建立财务计划、预算和控制的框架。两大主要财务工具类型是评价产品线获利能力的工具（弹性产品预算和产品成本计算）和评估投资方案的工具。

## 评估产品线

固定成本是指在一定时间或业务活动范围内（总数上）保持不变的成本。因为固定成本总额保持不变，所以单位成本会随着业务量的增加而降低。变动成本则是指与某一给定业务活动直接相关的成本，有时也称为**交易**（doing business）成本。由于单位变动成本基本保持不变，所以总变动成本会随着业务量的增加而增加。半变动成本或半固定成本则同时具备以上两种特性。如果我们能设法区分固定成本和变动成本，我们就能在产品预算中对其进行更细致的分析。此外，还有一些成本属于**共同成本**（common cost），很难将其直接分摊给特定的产品或产品经理。理解固定成本和变动成本有助于产品经理计算边际贡献和盈亏平衡点。

产品的**边际贡献**（contribution margin）是其售价用来弥补所发生的固定成本（如果销售额低于盈亏平衡点）或为企业利润（如果销售

额高于盈亏平衡点）做出贡献的数额。单位边际贡献是单位售价与单位变动成本的差额。如果产品单位售价为80美元，单位变动成本为30美元，那么，每卖出一件产品就可以贡献50美元，用来弥补所发生的固定成本或产生利润。至于其到底是用来弥补固定成本还是产生利润，取决于销售量是否超过盈亏平衡点。

**盈亏平衡点**（break-even point）是固定成本总额除以单位边际贡献。如果固定成本总额是150 000美元，单位边际贡献是50美元/件，那么，盈亏平衡点就是3 000件产品（150 000美元÷50美元/件）。如果将目标利润50 000美元加到分子固定成本中，那么目标销售量（即销售目标）就变成4 000件产品了（200 000美元÷50美元/件）。

---

**步骤一：明确与产品线相关的成本类型**

确定产品的变动成本和固定成本构成。利用这些信息来制定适当的边际贡献利润表。计算边际贡献，并评估当前销售量是否超过了盈亏平衡点或目标销售量。

---

## 弹性产品预算

产品预算是产品经理进行计划和控制的必要环节。大多数产品预算是标准利润表演变而来的，侧重理性预测产品经理责任范围内的收入和成本。我们可根据产品、客户、市场、区域或其他任何有助于改进决策的类别来编制预算。此外，我们还可为新产品开发、销售人员培训会议或其他与产品相关的项目编制单独的预算。因此，某一会计年度的整体产品预算应该与产品在未来 2～5 年的战略财务计划一致，也要与产品经理的项目预算一致。

至于采取的是积极的还是稳健的预算，则取决于企业的财务管理理念。如果企业采取积极的方式，那么就应根据最乐观的情况来编制预算，预期产品经理能够完成预算的数据。如果企业采取稳健的方式，那么就应根据最悲观的情况来编制预算，预期产品经理会超额完成预算的数据。

如果要编制产品预算，就要先估计收入和成本（理想情况是由产品经理，财务、营运及其他相关职能部门共同编制）。收入预算等于预期售价乘以预期销售量。售价和销售量都会存在一定程度的计划偏差，从而引起实际情况与预算之间的差异。成本信息取决于成本的固定与否及内部对共同成本的分摊意见。成本偏差也会导致预算偏差。产品经理越了解预算偏差的基本原因，就越有能力采取必要的纠正措施。

假设某一产品的收入预算为 50 000 美元，利润预算为 10 000 美元。如果实际收入和利润分别为 55 000 美元和 10 500 美元，那么其绩效是否令人满意？要想回答这一问题，我们需要更多信息。

假设：单位价格 = 50 美元
　　　单位变动成本 = 20 美元
　　　固定成本 = 20 000 美元
　　　预计销售量 = 1 000 件

根据上述假设，产品相关的预算内容如下：

| | |
|---|---|
| 销售额（50 美元/件 ×1 000 件） | 50 000 美元 |
| 变动成本（20 美元/件 ×1 000 件） | 20 000 美元 |
| 边际贡献 | 30 000 美元 |
| 固定成本 | 20 000 美元 |
| 税前利润 | 10 000 美元 |

若想确定实际销售业绩是否确实令人满意，就有必要准备一份用实际销售数量编制的**基本预算**（base budget）和弹性预算，然后将弹性预算表跟实际情况进行比较，见表5-2。

表 5-2　销售业绩与预算的比较　　　　（单位：美元）

| | 预算标准 | 基本预算 | 弹性预算 | 实际数据 | 差异 |
|---|---|---|---|---|---|
| | | 1 000 | 1 100 | 1 100 | 100 |
| 销售收入 | 50 | 50 000 | 55 000 | 55 000 | 0 |
| 变动成本 | 20 | 20 000 | 22 000 | 24 500 | 2 500 |
| 边际贡献 | 30 | 30 000 | 33 000 | 30 500 | −2 500 |
| 固定成本 | 20 000 | 20 000 | 20 000 | 20 000 | 0 |
| 营业利润 | | 10 000 | 13 000 | 10 500 | −2 500 |

请注意，我们在此假设变动成本为每单位20美元，固定成本总额为20 000美元。如果实际销售数量为1 100件产品而非1 000件，变动成本则为22 000美元（20美元/件×1 100件），那么就会产生13 000美元的预算利润。现在的实际利润为10 500美元，比销售1 100件产品的预算利润少2 500美元。尽管"差异"一栏反映了我们超额完成了预期目标（销售量比基本预算多了100件产品，利润也多了500美元），但是整体上还是缺乏效率的，因为变动成本超过了预期成本。

### 步骤二：制定弹性预算标准

在编制预算时，应采用什么样的单位售价、变动成本、边际贡献数据？（如果你所负责的是一项服务，采用的"单位"可以是每小时的服务、一个消费者或其他合适的变量。）

虽然这里的差异是由变动成本额引起的，但产品经理也应该分析销售数据引起的变化情况。为此，需要和企业内部不同部门的同事一起制定适当的预算标准。最合适的销售单位是什么？一盒、一箱还是一个货盘？在产品发货时记录销售还是在收到货款时记录销售？是根据客户、区域、订单大小、销售条款还是综合多个变量（例如，所有上述标准）来划分销售类别？需要采用统一的预算编制形式，还是需要为不同的部门采用不同的预算编制形式？是否需要将预算信息与历史绩效、其他产品的销售现状或特定目标进行比较？根据决策需要，产品预算编制需要详细到什么程度？什么情况属于过分烦琐，会使之失去决策价值？

> **步骤三：确定最佳的销售类别，以研究产品预算与实际绩效之间的差异**
>
> 产品经理可以得到什么样的信息来最有效地提高决策能力？这些数据能否丰富以前的预算标准？能否将这些信息转化成可以跟踪的比例（例如，每批货物的装运成本）来显示变化情况，以便及时采取纠正措施？

## 产品成本计算

在前面的例子中，实际的平均产品成本和预算成本之间存在差异。但是，企业如何确定平均产品成本，并以此作为预算的标准成本呢？许多企业采用**完全成本法**（full costing）或**吸收成本法**（absorption costing），将制造费用全部分摊给产品，这符合财务报告的要求。传统的会计制度建立在完全成本法的基础上，主要用来满足投资者、信贷机构和税务部门的要求,但并不适合进行产品决策。这种传统方法假设:产品不仅需要承担其直接材料成本和人工成本,还需要承担与产品相关的间接制造费用。

采用完全成本法的企业有时无法明确产品、产品线或产品经理的真实贡献。随着自动化程度的不断提高和计算机设备的日益普及,许多企业的成本状况发生了很大的变化。随着原材料成本比重的逐步下降和固定成本比重的不断上升,不同生产水平的相对影响日趋严重。虽然产品经理需要分担企业的日常费用支出,以维持企业的正常运转,但完全成本法(不区分固定成本)影响了产品经理确定预算发生偏差的原因,从而无法采取有效的纠正措施。错误或无效的产品成本信息会影响产品决策。

产品经理需要与财务和会计部门合作,共同确定有效决策所需的产品成本信息方式。以 X、Y、Z 三种产品为例,每种产品的原材料单位成本分别为 45 美元、40 美元和 25 美元。假设某一时段的间接制造费用为 9 000 美元,并根据各种产品的产量分摊这一成本。如果每种产品生产 100 件(共 300 件),那么其成本见表 5-3。

表 5-3　成本结构示例　　　　　　(单位:美元)

| | X 产品 | Y 产品 | Z 产品 |
| --- | --- | --- | --- |
| 原材料成本 | 45 | 40 | 25 |
| 制造费用(9 000/300) | <u>30</u> | <u>30</u> | <u>30</u> |
| 单位产品标准成本 | 75 | 70 | 55 |

企业存在闲置产能时,产品就要承担更多的固定成本。如果每种产品只生产 50 件,每件产品就要承担更多的间接制造费用,见表 5-4。

表 5-4　成本结构示例　　　　　　　　（单位：美元）

|  | X 产品 | Y 产品 | Z 产品 |
|---|---|---|---|
| 原材料成本 | 45 | 40 | 25 |
| 间接制造费用（9 000/150） | 60 | 60 | 60 |
| 单位产品标准成本 | 105 | 100 | 85 |

请注意，这些产品的标准成本表明，产量较少的产品每单位多承担 30 美元的成本，但并没有表明可能是存在闲置产能所造成的。闲置产能应被视为某一时期的成本，而不是产品成本。如果单位成本随产量上下波动，就难以进行合理的定价和营销决策。有时候，此类信息还会导致所谓的"死亡漩涡"（death spiral）。为了改进利润状况，产品经理会设法提高价格，但提高价格会抑制市场需求，并引起销量和利润的进一步下滑。

为了更好地进行决策，需要区分出固定成本，可以采用**直接成本法**（direct costing）或**作业成本法**（activity-based costing，ABC）来进行分析。这些成本分配法旨在改进传统财务会计武断而随意的成本分配方式，两者都试图将成本分配给发生成本的实体（如产品、部门、事业单元等），但它们在不同的环境中被使用且是不同的方法。在理想的情况下，区分固定成本能稳定单位产品成本，并确定闲置产能。⊖

直接的材料和人工成本显然与特定的产品生产过程直接相关。然而，还有其他与产品直接相关的成本。如果一位检验员花费一半的时间来检验某一产品，那么他一半的薪水就应纳入该产品的直接成本；如果安排一位技术支持人员专门负责某一产品，那么其所有的薪水都

---

⊖ 作业成本法详见西德尼·巴克森代尔（Sidney Baxendale）的"小型企业作业成本法初探"（Activity-Based Costing for the Small Business: A Primer）一文，2001 年 1 月发表于《企业地平线》（*Business Horizons*）期刊，第 61～68 页。

应纳入该产品的直接成本；如果一家企业在某一商业展览会上均衡地推广10件产品，那么每件产品就要分担10%的总费用。

由于间接费用的提高，并由多个产品和产品经理共同承担，一些企业就会用作业成本法来补充直接成本法（或完全成本法）。企业可以根据作业成本法来确定由不同的产品和产品经理引起的活动，并利用这些信息来分配这些活动的成本。例如，如果有一项重要的费用支出是营销沟通费用，而企业在推广某些产品上所花的努力明显要比其他产品多，那么如果再像前述商业展览的例子那样平均地分配所有成本，就会显得不太公平。在这种情况下，可以先计算出平均每小时所花费的营销沟通费用，然后根据各个产品实际花费的营销沟通的小时数来计算其所花的费用。（注意：如果在某一项费用支出上，产品之间没有显著的差异，那么这样的分配可能是浪费时间，还不如按照直接成本法的百分比来分配成本。）

如果能够综合运用直接成本法和作业成本法，就能更好地理解产品线的成本及利润。我们也可用这一信息来评估客户和渠道成本及利润。

我们再来看一个例子，假设企业有三个产品线：标准产品线、高档产品线和定制产品线，其财务信息见表5-5。

表5-5 不同产品线的财务信息　　　　（单位：美元）

| | 标准型 | | 高档型 | | 定制型 | | |
|---|---|---|---|---|---|---|---|
| | 总金额 | 单位金额 | 总金额 | 单位金额 | 总金额 | 单位金额 | 合计 |
| 销售收入 | 1 835 297 | 25 | 2 429 185 | 50 | 1 177 250 | 75 | 5 441 732 |
| 销售成本 | 1 064 472 | 15 | 1 457 511 | 30 | 635 715 | 40 | 3 157 698 |
| 毛利 | 770 825 | 10 | 971 674 | 20 | 541 535 | 35 | 2 284 034 |
| 固定成本 | 1 001 531 | 14 | 622 617 | 13 | 402 861 | 26 | 2 027 009 |
| 利润 | (230 706) | (4) | 349 057 | 7 | 138 674 | 9 | 257 025 |

请注意，如果采用完全成本法，标准产品线看起来是亏本的，有可能先被淘汰掉，所以至少应考虑提高其价格。但在决策之前，我们显然需要对分配的制造费用进行更详细的分析。表 5-6 所示的信息确定了与每种产品直接相关的固定成本项目。请注意，固定成本总额为 2 027 009 美元并没有改变，但采用了不同的分配方法。尽管仍需要分摊所有的成本，但这种分类方式有助于我们回答以下三个重要问题：（1）如果某类产品停止了生产，哪些成本需要消除，又有哪些成本需要转移？（2）短期定价的成本底线是多少？（3）这些成本的开支是否有助于完成既定目标，还是需要对产生这些成本的当前活动进行调整？

表 5-6　各固定成本项目与不同产品线之间的关系

（单位：美元）

|  | 直接固定成本 | | | 间接成本 |
| --- | --- | --- | --- | --- |
|  | 标准型 | 高档型 | 定制型 |  |
| 广告费用 | 140 053 | 31 101 | 0 | 38 528 |
| 销售费用 | 52 431 | 26 567 | 9 889 | 188 701 |
| 咨询费用 | 5 000 | 0 | 0 | 6 854 |
| 信用卡费用 | 15 466 | 0 | 0 | 0 |
| 教育费用 | 6 930 | | | 0 |
| 资料费用 | 66 303 | 8 811 | 23 882 | 12 026 |
| 商业展览费用 | 30 516 | 0 | 0 | 6 500 |
| 其他直接成本 | 33 522 | 1 702 | 0 | |
| 小计 | 350 522 | 75 192 | 44 038 | 252 609 |
| 直接成本合计 | | 469 752 | | |
| 其他间接成本 | | | | 1 304 648 |
| 间接成本合计 | | | | 1 557 257 |
| 生产成本总计 | | 2 027 009 | | |

仔细分析表中与每一产品相关的直接成本，这将为我们决定是淘

汰某一产品还是降低产品价格以适应竞争的需要提供了更准确的数据。我们假设,如果不生产标准型产品可以消除与之相关的350 522美元的直接成本,但不会减少在完全成本法下分摊到的1 001 531美元的间接成本。这两者之间651 009美元的差额就需要重新分配给其余两种产品。如果将差额平均分配给高档型产品和定制型产品(各325 504美元),将导致定制型产品出现净亏损(138 674–325 504= –186 830美元),高档型产品的利润也很微薄。因此,在决定淘汰某一项产品之前,你必须明确产品承担的间接成本是完全消除了还是转移给其他产品了(可能导致其盈利甚微甚至出现亏损)。尽管一开始我们以为淘汰标准型产品可以为企业节约230 706美元(在初始利润表中列示的净亏损),间接成本需要转摊给其他产品,可能导致另一产品线出现亏损。另外,更好地了解直接成本有助于确定看起来盈利(基于财务会计上任意分摊成本的做法)但实际上亏损的产品。

如果保留标准型产品,就需要决定如何定价。假设竞争对手推出的竞争产品标价为23美元,那么你应降至23美元或保持25美元,还是提高价格?这部分取决于市场对价格的敏感度,以及和竞争对手进行价格战的可能性。无论如何,了解产品的直接成本对决策总是会有用的。表5-7列示了上述信息与单位金额。

表5-7 标准型产品的财务状况示例　　(单位:美元)

| | 标准型产品 | |
| --- | --- | --- |
| | 总金额 | 单位金额 |
| 销售收入 | 1 835 297 | 25 |
| 销售成本 | 1 064 472 | 15 |

（续）

|  | 标准型产品 | |
| --- | --- | --- |
|  | 总金额 | 单位金额 |
| 销售毛利 | 770 825 | 10 |
| 直接费用 | 350 522 | 5 |
| 直接贡献 | 420 303 | 5 |
| 分摊的间接费用 | 651 009 | 9 |
| 净利润 | （230 706） | （4） |

根据表 5-7 的信息，标准型产品的平均直接单位成本包括销售成本（15 美元）和直接费用（5 美元），即每单位 20 美元。这就是短期内的成本底线，因此，只要单价高于 20 美元的，就有潜力分摊间接固定成本。如果将产品售价调至竞争对手的标价 23 美元，那么每一单位产品的销售就可用 3 美元来分摊固定成本。

前面所列三个问题中的最后一个是：这些成本的开支是否有助于完成既定目标，还是需要对产生这些成本的当前活动进行调整？我们来分析一下标准型产品的直接固定成本，广告费用为 140 053 美元（见表 5-6）。由于这是间接固定成本中的最大支出，因此需要分析一下，确定广告是否完成了既定目标。同样，我们也需要按照金额大小的顺序分析其他成本支出是否有效。确定哪些产品大量使用了特定的资源（如广告、机器加工时间或专业化劳动力），这是确定产品是否优化利用了资源的第一步。了解成本信息，虽然并不能替你做出决策，但在决定如何应对资源限制或竞争威胁时，能为你提供更准确有用的数据。

> **步骤四：确定哪些固定成本与特定产品或客户直接有关（作为产品成本计算方法的一部分）**
>
> 在对产品或客户做出决策之前（尤其是合理化的改变），需要明确决策会消除哪些成本，这些特定产品或客户会带来哪些成本？㊀

到现在为止，我们都在讨论过去的成本，但是产品决策应该关注未来。正如前面所提到的那样，即使成本是由特定产品引起的，产品经理真正需要解决的问题也是这些成本是否与未来的决策有关。例如，过去决策引起的沉没成本无法改变（例如，产品重新包装的费用），而且与未来的决策通常也没有什么关系。教科书通常会用问题和例子来解释相关成本和无关成本之间的区别。然而，在实践中，要明确相关成本信息其实是很困难的，这主要是因为我们运用了历史成本数据来预测未来成本。因此，预测一般都会存在偏差。

从成本或价格的变动来预测收入的变化，也是一种基于类似的历史数据的最佳猜测过程。假设我们为某一销售额下滑的产品制订应对计划，我们可以来比较一下三个彼此互斥的方案：（1）增加10 000美元的年度促销支出；（2）将产品价格提高10美元；（3）将产品价格调低5美元。虽然在每一种方案下我们都可以考虑最好、最坏及最可能情况下的结果，但在此我们只考虑最可能情况下的利润变化。根据经验，增加广告支出预计会提高100个单位的销售量，提高价格会减

---

㊀ 产品成本核算详见韦恩 J 莫尔斯、詹姆斯 R 戴维斯和阿尔 L 哈特格雷夫斯的《管理会计：战略方法》(*Management Accounting: A Strategic Approach*) 第2版（2000年出版）。

少60个单位的销售量，降低价格则会增加20个单位的销售量，相关的数据比较见表5-8。

表5-8 最可能情况下的利润变化示例

（单位：美元）

|  | 目前状况 | 增加广告费 | 提高价格 | 降低价格 |
| --- | --- | --- | --- | --- |
| 销售收入（售价为995美元，可销售10 000单位） | 9 950 000 | 10 049 500 | 9 989 700 | 9 919 800 |
| 销售成本（每单位250美元，10 000单位） | 2 500 000 | 2 525 000 | 2 485 000 | 2 505 000 |
| 毛利 | 7 450 000 | 7 524 500 | 7 504 700 | 7 414 800 |
| 可控费用 | 2 000 000 | 2 010 000 | 2 000 000 | 2 000 000 |
| 边际贡献 | 5 450 000 | 5 514 500 | 5 504 700 | 5 414 800 |

在三个可供选择的方案中，与其他两个方案相比（第二方案的利润提高了54 700美元，而第三方案的利润则降低了35 200美元），相对目前情况，第一方案的利润增加得最多（64 500美元）。然而，你还需要解决其他问题。每一方案的风险如何？特别是第一方案，由于需要投资，因此需要进行深入分析：是否值得为预期的收益而进行10 000美元的投资？这些钱投资于其他项目会不会更好？我们在接下来的"评估投资方案"一节中将对这些问题进行探讨。

### 步骤五：在产品成本分析中需要综合考虑概率和风险

在比较不同方案时，需要考虑每个方案在最好、最坏和最可能情况下的各种结果及各自发生的可能性（概率），然后再选择未来收益最佳的方案。

## 评估投资方案

产品经理经常需要对新产品、促销活动或其他营销相关项目的投资方案进行战略评估。例如，我们可把广告、促销、销售队伍等营销组合支出视为不同的项目投资，其目的是为企业产生未来的现金流。因此，增加100万美元的广告费用应该与加强销售团队或改善产品等方案进行权衡比较。大多数方案只需要进行简单的成本收益分析，但有些方案（主要是新产品开发项目）则可能需要进行更详细的财务评估。资本预算就是用来处理企业内部项目优先顺序的一种财务评估方法。是否批准这些资金支出项目，取决于未来其能为企业带来多大的收入，以及收入是否能够超过成本支出，而且超出额度需要达到某个可以接受的数值。最常见的投资分析模型有投资回收期（payback）、会计收益率、净现值（NPV）和内部收益率（IRR）等。

投资回收期模型和会计收益率模型不需要考虑货币的时间价值。这类模型适合于只需用很少的现金流就能收回成本的投资。投资回收期是指某一新产品或营销项目赚取足够的净收入以收回期初投资成本所需的时间（以年月来计算）。管理层一般会确定可接受的最长投资回收期，然后用确定的回收期的时间长度作为评估这类项目的标准或门槛。

会计收益率（通常也指投资收益率或投资报酬率）决定了某项投资每年产生的净收入占期初投资的百分比。例如，如果一个新产品的年平均净收入为15 000美元，而期初投资为100 000美元，那么期初投资的会计收益率就是15%（15 000÷100 000）。与此类似的一种方法是，用每年所获取的利润除以该项目每年的平均投资额。像投资回收期一样，管理层通常也会确定可接受的最低会计收益率，以此作为是否采纳项目建议的评判标准。

投资回收期和会计收益率这两个模型可以很有效地评估产品经理提出的很多资本支出项目。两者都很简单，但也都忽略了现金流的时间价值。那些风险较高、投资额较大或投资回收期较长的项目，更适合采用考虑了货币时间价值的资本预算模型。大多数分析师会使用现金流量折现的分析方式来评估项目。其中的关键之处在于：一定数量的货币，其未来的价值小于今天的价值。净现值和内部收益率都考虑了货币的时间价值。

某一项目的净现值是根据期初投资时间计算的，是未来各年净收益的总现值和期初投资额之间的差额。如果用今天的货币来表示的未来现金流，假如未来现金流大于期初投资额（即净现值大于零），那么这一项目就是盈利的。但这一模型并不能反映出投资项目的收益率，而收益率对项目间的比较是十分有用的信息。

在比较不同的项目时，我们可用现值指数（净现值的修正）来进行评估。现值指数（present value index，PVI）是未来现金流量现值和投资额现值的比率，如下所示

$$PVI = \frac{现金流量现值}{投资额现值}$$

我们假设某一企业正在评估一位产品经理提出的两个不同的项目方案。项目 A 的未来现金流量现值为 60 000 美元，而项目 B 为 35 000 美元；两者期初投资额分别为 40 000 美元和 20 000 美元。两者的净现值和现值指数见表 5-9。

表 5-9　项目的净现值和现值指数比较

| 未来收益现值（A） | 期初投资额（B） | 净现值（A–B） | 现值指数（A÷B） |
| --- | --- | --- | --- |
| 项目 A　60 000 美元 | 40 000 美元 | 20 000 美元 | 1.50 |
| 项目 B　35 000 美元 | 20 000 美元 | 15 000 美元 | 1.75 |

在这一例子中，虽然预期项目 A 的净现值更高，但项目 B 能更高效地利用企业的资产（在其他条件都相同的情况下）。

正如前面所提到的那样，净现值法不能反映项目的投资收益率。内部投资收益率是指能使未来报酬的现值和投资现值相等的折现率。也就是说，它是使净现值等于零的折现率。最终计算出的内部投资收益率（百分比）是一种利率，可以用来与企业本身的资本成本（即企业对某一风险等级的投资所要求的回报率）进行比较。由于任何投资都可能存在潜在的机会成本，所以重要的是需要确定该项目的投资收益率是否在可接受的范围之内。相较于低风险的项目而言，企业会要求高风险的项目产生更高的投资收益率。显然，该投资收益率应该大于把钱简单地存在银行就可以享有的"无风险利率"，也应该大于放弃可能从其他投资中获取收益而产生的机会成本。

不管使用何种模型来评估资本投资项目，产品经理都不能期待这些模型会替自己做出决策。这些计算结果只能作为决策参考的依据，要进行决策，还应考虑其他诸多因素。请注意，这些计算是基于大量的估计之上的，例如（但不仅限于）：

- 期初投资
- 项目直接成本
- 将需求估计转换成销售预测
- 实际销售价格

- 现金流产生的时点
- 产品生命周期

每项估计一般会产生预测误差,而在分析中应考虑这些误差。此外,竞争定位、品牌资产保护和长期稳定性等定性因素,也应是投资评估不可或缺的部分。

> **步骤六:确定企业评估资本支出的标准**
>
> 根据已完成的步骤五,你应该理解资本投资项目结果产生的概率和隐含的风险。你所在企业采用什么门槛收益率来审批相应风险程度的项目?你是否也考虑了用定性因素来平衡或重新定义企业所设定的这些标准的重要性?

## 关键要素

▶ 与财务部门一起确定你所管理产品的固定成本和变动成本。

▶ 制定编制弹性产品预算的相关标准。

▶ 尝试运用不同的销售统计方法,从而找出最有用的决策工具。

▶ 产品的成本数据是决策的一种工具,但不是唯一的标准。

▶ 按照费用支出的大小顺序来评估成本项目,并确定成本效益有待改进的方面。

▶ 不要只用历史数据来分析成本,还要分析其与未来决策的相关性。

▶ 熟悉企业在评估资本支出项目时所设定的门槛收益率。

▶ 不要指望财务分析能替你做出决策。

# 第 6 章

# 产品及品牌组合分析

不要害怕失败,可能你忘记自己已失败过很多次了。第一次学走路时就摔倒了,第一次学游泳时又差点淹死,你还记得吗?第一次挥棒时,你击中球了吗?那些击出本垒打次数最多的重量级球手,也曾多次被三振出局。在纽约经营百货商店大获成功之前,R H 梅西(R. H. Macy)已失败过 7 次了;在出版 564 本书之前,英国小说家约翰·克里西(John Creasy)曾遭遇过 753 次退稿;贝比·鲁斯(Babe Ruth)曾三振出局过 1 330 次,但他也击出了 714 次本垒打。不要害怕失败,但要反思那些因没有努力而丧失的机会。

——美国联合技术公司(United Technologies Corporation)

企业一般是根据新产品的衡量指标来评估产品组合的,其中绝大多数评估指标是内部制定的,如利润率、降低风险和战略行动等。虽然这些指标都很重要,但产品组合分析还应该进一步探索:在整个生命周期中,产品该如何互相匹配来解决客户问题。此外,还应该不断寻求产品线的新用途来满足客户的需求。医院需要的是完整的手术室新系统，还是能与现有设备整合到一起的新产品？商务中心需要的是全新的信息系统，还是可以与现有软硬件衔接的新产品？承包商需要的是独立的暖通空调系统，还是包括其他各种设施的室内环境系统？从满足客户需求的角度来看产品组合，然后再跟内部已有的产品进行比较，企业就可以形成以客户为中心的新老产品组合管理方式。本章将介绍四个相关的概念：（1）产品线规划；（2）品牌资产管理；（3）全球产品计划；（4）产品合理化。

## 产品线规划

制订产品线规划，需要先明确战略目标（参见第7章）和业务目标（参见第3章），同时也需要对目标客户有一个全面透彻的了解。你的战略可能只是为某一特定的利基产品市场（利基导向）开发产品，或是为几个细分市场开发不同类型的某一特定产品（产品导向），又或是为某一特定的细分市场开发完整的产品线（市场导向），如图6-1所示。例如，小苏打开始是利基产品，然后开发出多种用途，运用于不同细分市场中（产品导向），如可以用来配制猫砂（cat litter）、冰箱除臭剂和牙膏等。另一方面，银行和医疗保健等服务行业的产品经理，通常会根据所选细分市场（如小型企业市场或女性市场）的需求专注于提供一组产品或服务（市场导向）。

制订产品线规划需要确定一系列问题。例如，产品线有多少个产品，每个产品如何定位，客户心目中的完整产品包括哪些要素，如何提高产品的价值主张（value proposition），等等。这些问题没有现成的正确答案，需要产品经理从各方面进行思考。

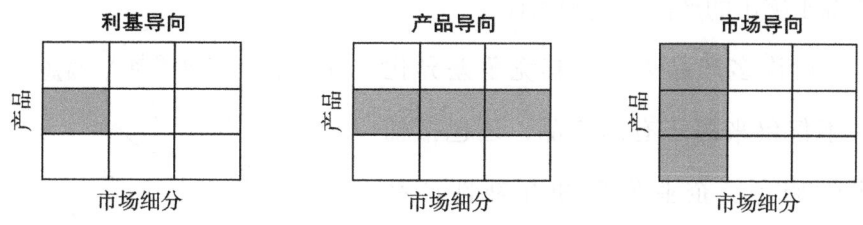

图 6-1　产品线的导向类型

不同的产品经理所负责的产品数量通常是不一样的，少则可能只负责一个产品，而多则可能达到数千个。有多个影响实际负责产品数量的因素。例如，产品有何财务风险？其重要性如何？产品的收益越高，对企业的价值越大，产品线的产品数量就应越少。新产品和现有产品的比例是多少？越重视新产品，产品经理扩展产品线的时间就越少。产品在生产、销售和客户联系等方面有何不同？产品需要的支持越多，产品经理能负责的产品数量就越少。企业期望产品经理完成什么样的具体任务？工作任务的广度和深度也会限制产品经理能管理的产品数量。为了使产品线的广度和深度能够与企业、竞争和客户的变化相适应，产品经理需要对相应的效率和效果进行仔细的分析评估。

产品经理应对产品线上的产品竞争定位有一个全面的了解。定位是指客户对你的产品与竞争对手产品的相对看法（感知）。在某些情况下，客户是根据产品本身进行区分的。在这种情况下，核心产品就是客户从有形产品中所获取的利益，如图 6-2 所示。某一高质量产品的核心利益可能是安全，功能更先进的产品的核心利益可能是容易使用。在这些情况下，竞争的差异化可能来源于突出的产品特色和属性。

对许多产品来说，其竞争差异化并不仅仅来源于有形产品，还包括辅助性服务、企业形象和互补性产品等。有形产品与竞争对手越相似，构成产品整体解决方案的各个变量（total solution variables）对争取和留住客户就越重要。因此，客户从你这儿购买产品所获得的真正利益要远远超过产品本身，如图6-3所示。产品经理必须考虑客户想要**购买**(buying)的是什么，而不是自己想**销售**

图 6-2　有形产品的利益

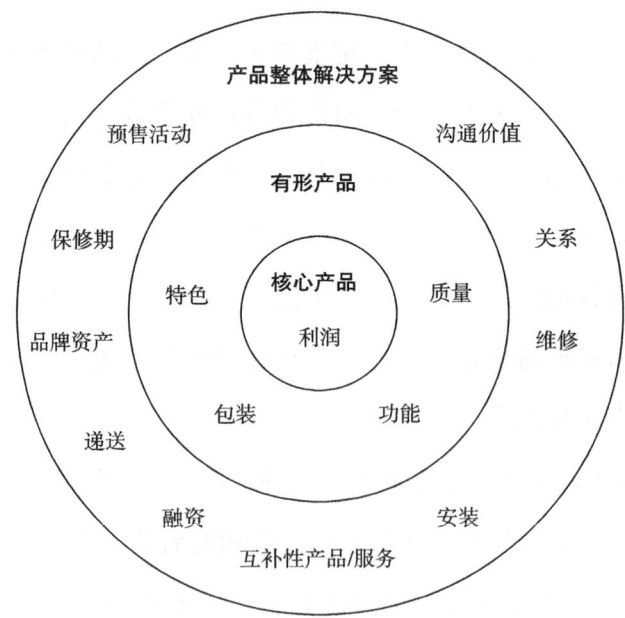

图 6-3　产品整体解决方案的利益

(selling) 的是什么。如果和竞争产品基本相同，客户购买的则是**产品整体解决方案**（total solution product）的核心利益，而不是有形产品的核心利益。

前面的分析表明，产品经理必须在两个层面上管理产品：有形产品层面和整体解决方案层面。什么变化（如果有的话）能提高有形产品的利润？除了产品本身，还有什么变化可以为客户提高产品的价值主张？

我们不妨来思考一下产品的有形属性：哪些是客户正面肯定的？哪些又是客户负面否定的？是否把资金浪费在客户不需要的某些属性上？客户对产品的观念如何随时间而变化？对不同产品类别而言，有些属性是标准化的，有些与竞争对手的差异不大，而有些则与竞争对手存在显著差异，如图 6-4 所示。⊖

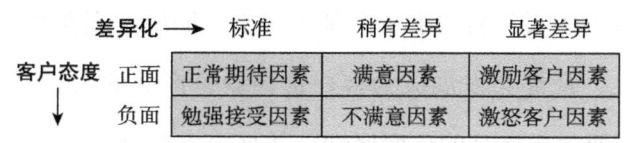

图 6-4　评估产品差异因素

如果你的产品有一项明显优于竞争对手或其无法提供的正面属性，那么这一属性可能就是一项激励客户的因素，可以激励客户购买你的产品。例如，当车上第一次安装空调时，就是客户需要的新奇属性，而随着越来越多的车配置空调，这就不再是个激励客户购买的因

---

⊖ 根据伊恩 C 麦克米兰（Ian C.MacMillan）和丽塔·冈瑟·麦格拉思（Rita Gunther McGrath）1996 年 5～6 月发表在《哈佛商业评论》上的《发现产品的隐藏潜力》(Discover Your Products-Hidden Potential) 一文改写而成，详见该期刊的第 58 页。文章对正面、负面和中性的产品属性及其对产品经理决策的影响进行了深入讨论。

素了；但如果比竞争对手性能更好，仍可作为一个差异化的满意因素。当这一特色逐渐成为行业标准之后，客户就开始期待车上都该配置空调。所以，对于正面属性来说（图6-4的上面一行），竞争演变是从右向左的。另外，有些属性是客户所不喜欢的。如果是某一行业的标准属性（如启动电脑的时间）在出现更好的属性之前，客户可能会予以容忍。然而，一旦竞争对手消除或改进了这一属性，客户就会越来越不能接受仍保留这一属性的产品。客户对负面属性的反应会从勉强接受转变到不满意，最后甚至会被其激怒。因此，客户对负面属性（图6-4的下面一行）的反应则是从左向右演变的。

由此可见，对产品经理而言，客户是否接受或拒绝某些具体的产品特色和属性，往往处于不断的变化之中。现在激励客户购买的因素最后可能会变成客户正常期待的属性，因此，产品经理必须继续寻找能够激励客户购买产品的下一个刺激因素。同样，现在客户能够接受的负面属性，最终会发展成为客户选择竞争产品的激怒因素。因此，产品经理需要改进产品的负面属性，并且应比竞争对手改进得更快。

另外，还应运用产品策略来分析不同细分市场的需要域（need set，即各种需要），从而决定是否提供不同的产品来满足特定客户的需求。这可能需要提供不同的**产品版本**（product versioning，创造不同的产品特色和属性来满足不同的细分市场的需要）或**解决方案版本**（solution versioning，创造实体产品之外的不同解决方法）。不同的产品版本可能是改变产品的颜色、大小、材质、强度、香味、口味、声音等属性。在不改变原有的辅助性服务、价格或销售流程的情况下，这些产品版本就能更好地满足特定市场的需求。

有些产品可按原样销售，但可根据特定市场的需求，通过改变某些辅助性服务或跟不同产品组合的方式，来为客户提供更好的整体解决方案。例如，两家企业购买了同一型号的电脑，一台是需要自己安装维修，而另一台则有安装支持及维修服务。即使有形产品相同，不同的解决方案仍可满足不同的客户要求。⊖

> **思考要点**
>
> ▶ 如何提高产品线的价值主张？
>
> ▶ 能为产品增加哪些新的激励客户因素？
>
> ▶ 可以消除哪些激怒客户因素？
>
> ▶ 哪些不同的产品和整体解决方案版本可以为客户增加价值？
>
> ▶ 在对客户来说很明显也很重要的产品差异化方面，我们能够做些什么？

## 品牌资产管理

产品线规划的部分内容是确保产品线上的所有产品（包括前面提到的不同版本）的品牌资产之间及与企业品牌之间都能相互匹配协调。产品经理必须决定是把品牌形象延伸到整个产品线，还是采用不同的品牌名称。对大多数服务和工业产品来说，产品品牌识别（product brand identity）与企业品牌识别是直接相关的。例如，波音、电子数据系统（EDS）、施乐、IBM和通用电气之类的企业都非常注重企业品

---

⊖ 参见琳达·哥乔斯《产品经理的第一本书》的第8章，书中相应部分提出了如何对产品属性进行头脑风暴以提高价值的建议。

牌，它们旗下所有的产品品牌都笼罩在企业品牌的"光环"之下。

我们来看一看图6-5所示的品牌结构。企业品牌可能是个"背书"品牌（"endorser" brand）——有时对客户来说甚至是唯一有价值的品牌。在客户心目中的企业形象如何？品牌的理性成分是什么？感性成分又是什么？这些对客户来说重要吗？这些是否能使企业与竞争对手区别开来？虽然产品经理可能无法控制企业品牌识别，但他必须意识到企业品牌识别对产品销售的影响。

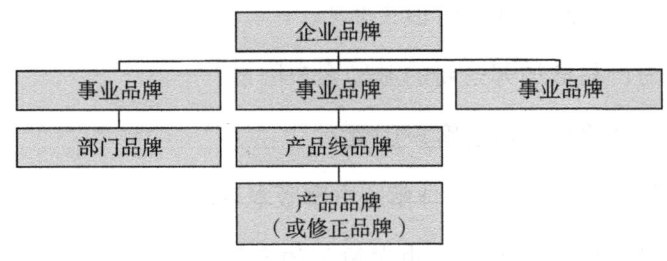

图6-5　品牌结构

除了企业品牌，事业单位和部门、产品线（或系列）或单个产品可能还各有其品牌。基于不同的目的，可能需要在不同的层面运用不同的品牌。⊖使用不同品牌的一个原因可能是想在不改变现有品牌形象的前提下开拓新的市场。例如，为了进入正在成长的有机食品市场，美国通用磨坊食品公司（General Mills）就使用了"瀑布农场"（Cascadian Farm）这一谷类品牌。⊜使用新品牌的另一个原因是向市场提供低端进入产品（a low-end entry product）。例如，英特尔将其低端芯片平台产品命名为赛扬™（Celeron™），而不是奔腾™

---

⊖ 参见凯文·莱恩·凯勒（Kevin Lane Keller）的《战略品牌管理》一书，书中对品牌管理技巧进行了详细的介绍。

⊜ 参见凯文·海利克（Kevin Helliker）2002年6月7日发表在《华尔街日报》的《天然食品这行，大厂的头衔并无大用》一文，第B1页。

（Pentium™），这样做就不会降低其旗舰品牌的价位，又能打入对价格敏感的市场。另外，企业也可能会为信誉好的高端产品选择不同的品牌名称。美国百得公司（Black & Decker）为其专业产品选择了"得伟"（DeWalt）这一产品线品牌名称。在汽车行业，企业经常会为更高档产品线选择使用不同的品牌。例如，丰田选择雷克萨斯，本田选择讴歌。

产品经理必须能对品牌定位进行有效沟通（我们将在第 11 章进行讨论）。表 6-1 所示的品牌发展模板列示了未来品牌沟通的框架，可帮助你确定哪些绩效考核和培训对长期兑现品牌承诺是必要的。

表 6-1　品牌发展模板

| | |
|---|---|
| 描述目标客户 | 使用主观及客观词汇对客户进行描绘 |
| 确定差异 | 说明你与竞争对手的差异以及客户关注的原因 |
| 确定品牌个性 | 列出品牌中的理性与感性成分 |
| 确定客户相信你承诺的内容 | 描述客户对产品和服务性能、业务支持、质量、信赖度等方面的期望 |
| 将承诺转换成绩效标准 | 详细描述培训、支持、绩效评估等方面的措施，并明确相应的责权 |
| 评估深度和范围 | 从企业与品牌的角度分析品牌结构 |

> **思考要点**
>
> 产品线中的产品的品牌形象如何
>
> ▶客户会用哪些属性来描述我的企业的每一产品？
>
> ▶我的产品形象与竞争对手有何不同？客户是否在意？
>
> ▶我所有的产品有哪些共同属性？

## 全球产品计划

在过去几十年间，产品管理已发生了巨大的变化。全球化日益引起关注，在产品经理的工作描述中，出现了客户管理、价值链分析、全球产品开发和客户开发等新的内容。产品经理需要新的不同的方法来履行这些新的职责。以下是对全球产品计划的一些建议。

### 1. 先进行全球性思考，而非全球性销售

许多产品经理是在接到国外分销商或客户的业务咨询后才开始思考产品全球化的问题。其实，远在这之前产品经理就应该着手全球化计划了，应该看看竞争对手、供应商和现有客户中有谁已经全球化了，看看全球化的竞争对手是否向与你一样的客户销售产品。若是，你就应该研究其国外（或全球）战略，从而预测其将会对你的国内客户采取的战略。若你有国外供应商，你就应该评估他们在其他国家的定价策略和营销策略，从而改进供应链的运营。若你的客户已进行全球化经营，那么你就应决定如何调整产品来深化与这类客户的关系。

### 2. 在产品和服务中同时采用国内的和国际的标准

符合美国 UL 标准⊖的产品，也许适合在美国市场销售，但这些标准并不一定能够满足其他国家的要求。若产品能够同时按照国内的和国际的标准进行设计，那你就为未来打开了巨大的潜在市场，而无须对国内产品进行改造。

### 3. 核心产品标准化

根据各种标准设计产品显然是有利的，但要设计完全标准化的全球统一产品是不切实际的。不过，通过将核心产品或大部分核心产品

---

⊖ UL 是英文 Underwriter Laboratories Inc.（保险商试验所）的简写，是美国最有权威的产品安全测试和认证的非营利性独立民间机构。——译者注

标准化，同时再对产品的辅助部分或其他部分进行定制，仍然可以获取全球化产品的部分利益。客车的标准化主要体现在车架（底盘及相关部件）或发动机（标准化程度略低）上。汽车行业已对全球化汽车讨论了数十年，但始终难以落实，而本田汽车公司则通过推出1998年版的雅阁汽车取得了一些进展。本田研制出可以组装各种明显不同车型的底盘，节省了数亿美元的开发成本。本田工程师发现，如果把汽车油箱后移到后轮之间，他们就可以设计出一系列特殊的托架，把车轮安装在更灵活的内部框架中。因此，本田汽车只需要将底盘而非整车运送到世界各地。

**4. 确定适当的调整幅度**

尽管企业力图在全球范围内将产品或产品线标准化，但还是需要对产品进行不同程度的调整。有些产品只需配备不同语言的说明书。例如，20世纪90年代，美能达（Minolta）照相机从日本运到比利时安特卫普港口的新浪企业配销中心（New wave Enterprise）时，并没有配备支持材料，在相机运到欧洲其他地方时才配备了各种不同语言（如法语、荷兰语和德语等）的说明书。

有些产品可以通过寻求其性能与当地市场需求的最佳匹配来延长生命周期。例如，现在美国麻醉仪器的供氧技术能够达到正负几毫升的精确度。然而，许多拉丁美洲国家的医院手术室只要求供氧精确度达到正负100毫升即可，当然价格也相对便宜。有家麻醉仪器的主要供应商发现，其可以向这些市场提供比先进仪器便宜得多的一般性产品来延长其寿命。

这同样适用于消费性产品。以面粉为例,印度一年大约消费 6 900 万吨的小麦(美国约为 2 600 万吨),然而几乎没有全麦面粉是预先包装好再销售的。在印度销售包装好的面粉几乎是项创举,因为大部分印度家庭主妇仍在购买散装的小麦原粒,先用手工洗干净,然后每周带一些去邻近的磨坊,放在两块石头之间研磨。皮尔斯博瑞公司(Pillsbury)发现预先包装好的小麦面粉(在美国已经是一种成熟的产品)在该市场备受欢迎,于是将原有产品"皮尔斯博瑞面团"(Pillsbury Doughboy)重新改造后在印度市场作为新产品予以推广。

> **思考要点**
>
> 有没有考虑过产品或服务的全球化机遇
> ▶ 竞争对手、客户或供应商是否已全球化?其对产品有什么影响?
> ▶ 若要在其他国家销售产品,是否每次都需要调整产品?在调整过程中,需要做出什么改进?
> ▶ 产品或服务的哪些部分可以作为核心产品进行标准化?

**5. 预测全球竞争**

在当今全球市场,推出新产品会引起越来越多竞争对手的迅速反击,在这种情况下,如果能制订产品的全球计划,就会带来许多明显的好处。首先,产品经理能更好地开发出全球适用的产品规格;其次,他们可以根据当地的市场需求来更有效地改造产品;最后,他们能对全球企业的竞争行动做出更迅速的反应。

## 产品合理化

大多数企业都制定了一些开发新产品的标准，但只有少数企业制定了淘汰产品（合理化产品线）的标准。某些产品很难淘汰，一些企业称之为"蟑螂产品"。制定出一套评估产品的标准对每个人都是很有利的。不必要的产品会消耗企业的财力和物力，如果这些资源可以用在其他方面或许会更有价值。以下是产品合理化应考虑的一些方面：

- 销量、收益和利润
- 与其他产品共用部件的比例
- 淘汰该产品对整个产品线的影响
- 和不同产品进行功能性整合的能力
- 客户需求或竞争优势
- 淘汰产品原来所负担的间接费用转移到其他产品的潜在影响

一旦确定了预备淘汰的产品，还需要确定如何能够最好地完成任务的方法。是通过提高产品价格，让客户自己来决定不再购买这一产品（希望客户购买你的其他产品）？还是通过降低价格来减少存货？又或是将产权卖给其他企业？

### 思考要点

产品线中是否有"蟑螂产品"？

▶ 有何评估淘汰产品的程序？如有，则采用了（或应该采用）什么标准？

▶ 若淘汰了某些产品，对产品线和企业会造成什么影响？

▶ 淘汰确定的产品需要采取什么适当的策略？

## 关键要素

▶ 制订产品线规划应先确定战略目标和具体的业务目标。

▶ 确定客户需要的利益时，除了考虑产品特色，还应考虑产品和延伸解决方案的利益。

▶ 谨慎管理企业和产品品牌的资产。

▶ 为了吸引不同的细分市场，需要考虑用不同的品牌名称来提供不同的产品版本。

▶ 如果需要，就应评估产品的全球化机遇。

▶ 用明确相关的标准制定产品合理化的系统程序。

## 产品组合清单

### 产品线规划

| | | |
|---|---|---|
| 产品线的广度和深度是否可控？ | 是 | 否 |
| 是否确定了有形产品在哪些方面需要改变？ | 是 | 否 |
| 是否确定了整体解决方案在哪些方面需要改变？ | 是 | 否 |
| 是否在开发新的激励客户购买的刺激因素？ | 是 | 否 |
| 是否运用了不同的产品或解决方案来最好地满足不同细分市场的需求？ | 是 | 否 |

### 品牌资产管理

| | | |
|---|---|---|
| 现有品牌是否在客户心目中具有独特的正面形象？ | 是 | 否 |

| | | |
|---|---|---|
| 产品品牌是否能够受益于企业的形象? | 是 | 否 |
| 能否延伸产品品牌? | 是 | 否 |
| 增加新品牌对产品线是否有益? | 是 | 否 |
| 是否制定了品牌发展模板? | 是 | 否 |

### 全球产品计划

| | | |
|---|---|---|
| 是否考虑过产品或服务的全球化机遇? | 是 | 否 |
| 竞争对手、客户或供应商是否已全球化? | 是 | 否 |
| 在计划中是否已考虑了这一因素? | 是 | 否 |
| 是否能够调整产品来适应其他国家的市场需求? | 是 | 否 |
| 能否开发出调整程度较低的标准化核心产品? | 是 | 否 |

### 产品合理化

| | | |
|---|---|---|
| 产品线中是否有"蟑螂产品"? | 是 | 否 |
| 是否有一套评估淘汰产品的程序? | 是 | 否 |
| 这套评估标准是否明确合适? | 是 | 否 |
| 在决定淘汰某产品前,是否仔细考虑过这对产品线上的其他产品的影响? | 是 | 否 |
| 在决定淘汰某产品前,是否已制定了相应的执行策略? | 是 | 否 |

# 第 7 章

# 战略愿景和计划

> 如果我们能够确切地预测未来,那么未来就不会有什么变数……我们研究未来的主要目的在于:如果按照现在的趋势发展,未来会发生什么事情,然后判断这样的结果是不是我们想要的;如果不是,就要设法改变……预测和创造未来的能力,是领导能力的本质所在。
>
> ——美国世界未来学会(World Future Society)

有时候,我们往往会把战略愿景看作企业管理层的一项专用技术,其实不然。要取得未来的成功,产品经理就必须为其产品线制订愿景和计划。战略是通过最合理地利用资源和资产来获取持续竞争优势的艺术和科学。制定战略,需要先进行环境扫描(见第 3 章),然后还需要明确产品线的未来发展方向、利弊权衡和制订实施计划的领导能力。

## 战略思考

我们来思考一下产品线的愿景:你对未来产品线有什么设想?假

设现在是未来五年左右的某个日子，你要写一份产品线年度报告。你销售的是什么产品？处在产品生命周期的哪个阶段？有什么战略意义？谁是重要客户？他们对产品的品牌认知度如何？产品线的销售量、销售收入和利润如何？当然，还要考虑能和竞争对手区分开来的产品整体解决方案。正如托尼·曼宁（Tony Manning）在《理解战略》（*Making Sense of Strategy*）一书中所说的："战略必须能使组织独树一帜，并对大多数真正的客户而言，这种独树一帜（差异化）必须是很重要的。"[⊖]因此需要明确：对产品线来说，什么是真正重要的？对客户来说，什么是真正重要的？对企业来说，什么又是真正重要的？

许多产品经理往往会犯这样的错误：根据过去来推断未来，以为未来是过去的简单延续。尽管过去的情况是计划需要考虑的重要方面，但产品经理还必须考虑影响产品服务的外部趋势和变化。企业的成长战略是什么（例如，对企业和产品线而言，真正重要的是什么）？未来的战略定位会与现在一样吗？还是需要确定不同的发展方向？这对产品线会产生什么影响？从战略的角度来说，产品经理必须确定其是否有效，即做对事情；而从战术和营运的角度来说，产品经理则必须确定其能否做好事情——实现既定的目标。例如，你是否已确定谁是重要客户（战略目标）？获取这些客户后，如何留住他们（战术计划的结果）？你和企业的其他员工又如何长期留住这些客户（如营运活动）？这些关系如图 7-1 所示。

---

⊖ Tony Manning, *Making Sense of Strategy* (New York: AMACOM,2002)preface.

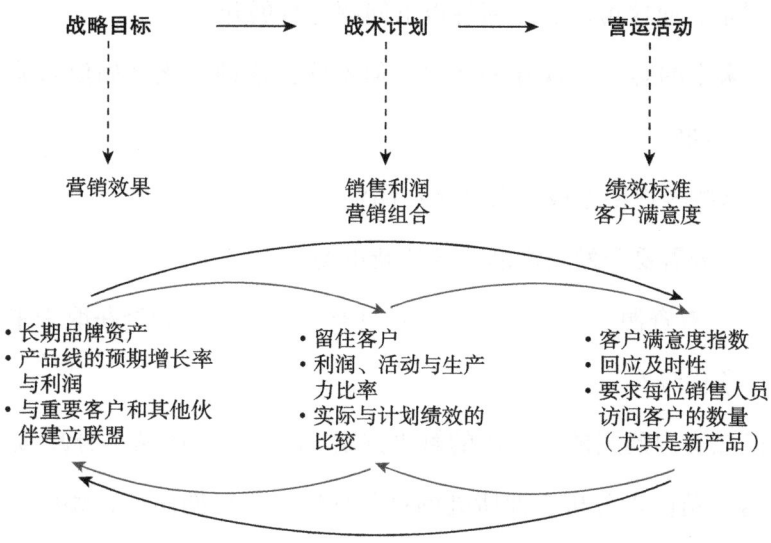

图 7-1 产品经理的目标设定

从战略目标、战术计划和营运活动之间的关系可以看出，这是一个持续的过程，而非一年一度的活动。虽然不需要频繁地制订战略计划（如图 7-2 所示），但产品经理需要不断地进行**战略思考**。战略思考内容非常广泛，要求产品经理把握整体的

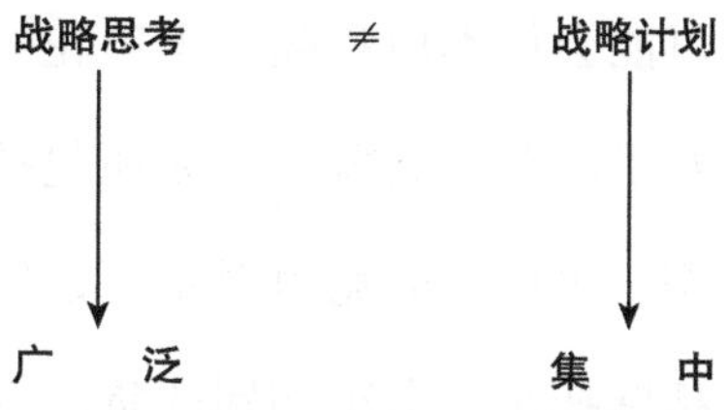

图 7-2 战略需要思考和计划

市场变化趋势和新的竞争动态，但不可能抓住或解决所有未来可能的机会或问题。你必须确定某一特定的发展方向，并制订相应的战略计划。为某一发展方向制订战略计划意味着**需要放弃不同的发展方向**。战略计划要比战略思考更集中一些，要求产品经理"敢下赌注"，准备好时间和资金，朝既定的方向前进。

战略思考需要全面分析客户和竞争对手。先要分析客户现在和未

来的需求，而这可以通过回答以下问题进行展开：

- 未来的客户和现在的客户有何不同？这种变化会如何影响营运活动？
- 这些客户期望或需要什么产品？
- 是否需要开发新产品或开拓新市场？
- 现有资源、资产和能力是否具有竞争优势？能否获取未来的竞争优势？

既然客户购买的是问题的解决方案（而不只是产品本身），那么就应从这一角度来分析企业所处的竞争环境。就短期而言，哪些竞争对手最直接地解决了客户的问题？其是会让你失去或获取业务的最直接的竞争对手。从长期来看，竞争对手可能会用截然不同的产品来向客户提供同样的利益或"功能"。例如，某个准备购买小型汽车的客户可能会把本田雅阁、丰田花冠或土星列为可选择的对象。如果把竞争对手的范围放宽，可能还包括从大众甲壳虫到宝马等一系列不同的车型。更广泛的竞争对手可以定义为能够满足运输需求的交通工具，包括摩托车、卡车和厢式货车等。如果再把范围放宽，还可以包括公共交通甚或是休假——因为这可能会动用客户买车的预算。因此，我们需要根据这一思考方式来分析竞争对手，并完成表 7-1。

表 7-1 竞争分析频谱

|  |  | 列出竞争对手 |
|---|---|---|
| 战术性 | • 在相同的狭义市场中的直接竞争者 | _____ |
| ↕ | • 在更广义市场中的竞争者 | _____ |
|  | • 满足相同需求的间接竞争者 | _____ |
| 战略性 | • 潜在的未来替代者 | _____ |

> **思考要点**
>
> 产品线的愿景是什么?
> ▶ 未来的产品领域需要什么样的客户、产品和品牌认知度?
> ▶ 哪些新兴的商业模式(或竞争对手)可能会吸引现有的客户?
> ▶ 对客户和企业来说,真正重要的是什么?

产品经理既是管理者又是领导者。作为管理者,他们必须在日益复杂的环境中执行计划;作为领导者,他们必须应对不断的变化。哈佛大学领导学教授约翰·科特 (John Kotter) 对管理和领导的关系进行了全面的阐述:

> 领导和管理是两个既不一样但又相辅相成的行为系统。管理需要处理复杂的事务,而领导则需要推动变革。领导与管理相辅相成,但不能互相替代。企业通过计划和预算、控制与解决问题来管理复杂的事务;而领导组织则需要设定方向、引导成员朝共同方向前进并鼓励他们实现愿景。

高明的战略家是优秀的变革推动者。产品经理未来将面对持续加速的变化,他们的适应能力将是生存的关键。正如阿尔文·托夫勒 (Alvin Toffler) 在《未来的冲击》(*Future Shock*) 中所提到的那样,"现实"与"假设"不断变化,"即使是技能与智力最高的社会精英",也未必能跟得上信息爆炸的速度。

## 战略制定

制定战略的主要目的是通过对资源、资产和能力的开发与运用来获得竞争优势。制定战略需要考虑"你现在在哪里"(环境扫描)及"你想要去哪里"(战略愿景)。如果想要缩小现状和目标之间的差距,就需要有效利用资源、资产和能力,有时可能还需要调整愿景。换言之,你可能需要根据客户(市场)、竞争对手(行业)等外部现实状况,对战略愿景与内部能力进行权衡取舍。这一内部与外部的平衡点就是企业的"核心业务",如图 7-3 所示。

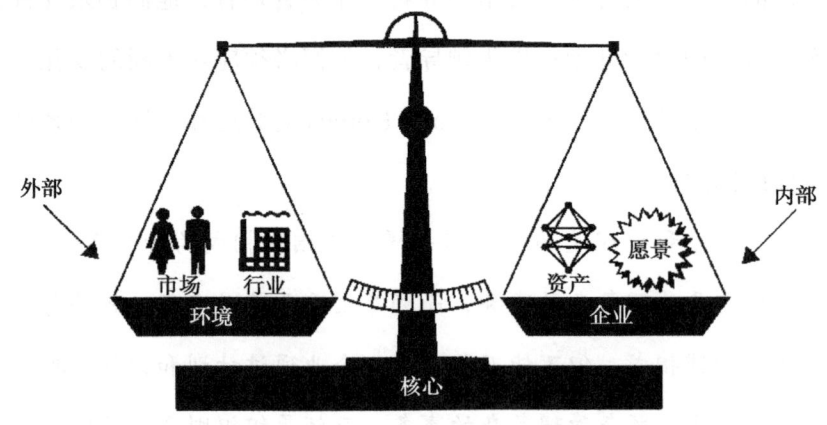

图 7-3　战略需要权衡与平衡

可以通过很多方法来制定产品线战略。你可以通过扩展产品线或客户基础来优化核心业务,也可以通过各种方法来更充分地利用你所掌管的资产,还可以设法把握行业或市场的变化发展趋势。我们接下来逐一讨论这些战略的制定方法。

### 优化核心业务

**核心业务**是指可以成为持续竞争优势来源的产品、客户和技术。请你思考下列问题:

如果你不提供产品线，客户会受到什么损失？

- 他们的需求是否容易从别处获得满足？
- 对哪些客户的影响最大（即谁是你的核心客户）？

竞争优势的来源是什么？

- 客户关系？
- 成本？
- 产品特色与性能？
- 服务？
- 品牌资产？
- 生产过程？

竞争对手是否难以模仿你的优势？这些优势能否持久？客户能否找到替代品？

回答这些问题有助于确定核心业务。⊖回答了这些问题之后，你还必须确定如何扩展核心业务来最好地把握新的机会。假设你是一名电动打字机的产品经理，你的核心业务是为企业用户提供沟通和信息能力，或是通过零售渠道为消费者提供机电产品。即使是同样的产品，从核心业务进行扩展的方式也不尽相同。IBM属于前者，凭借其在主机和销售渠道上的优势，成功地从打印机行业转向个人电脑行业；而雷明顿（Remington）则从打印机行业转向了电动剃须刀行业。两者都根据其核心业务的优势来进行业务扩展。请记住，采取各种战略来拓展核心业务就是，从现在所处的位置（现状）走向未来的目的

---

⊖ 如何定义和扩展核心业务，详见克里斯·祖克（Chris Zook）的《回归核心》（*Profit from the Core*）一书，英文版由哈佛商学院出版社 2001 年出版。

地（即愿景）所选的战略应该集中于那个方向。

### 充分利用资产和资源

我们也可以通过分析资产和资源及寻找其优化利用的方式来制定战略。资源包括财务资源（可用于投资的资金）、有形资源（如工厂或场所）、技术资源（如专利）、声誉资源（如品牌资产）和人力资源（如技能组合）等。如果你拥有雄厚的财务资源，可以通过收购互补的产品线进行优化，也可以通过提供低价或免费的产品来刺激消费。有形的资源可以通过寻找其他用途进行优化。例如，快餐店力图通过鼓励客户经常到店里来用早餐和晚餐（及午餐）来提高其房屋和相关资源的利用率。技术资源，如知识产权等则可以通过授权的方式得到更多的专利收入。声誉资源可以通过将现有产品品牌扩展到新产品类别来加以充分利用。人力资源可以通过将其集中于共同品牌而得到充分的利用。请根据表 7-2 思考一下如何充分利用企业资产和资源的战略方法。

表 7-2 充分利用资产与资源的创意

| 资产与资源 | 充分利用的创意 |
| --- | --- |
| 财务 | _____ |
| 有形 | _____ |
| 技术 | _____ |
| 声誉 | _____ |
| 人力 | _____ |

正如前面讨论发展核心业务时所介绍的那样，这种方法可以衍生出几个不同的成长战略，然后还要确定能够最有效地缩短现状和目标之间差距的相关战略。

## 回应发展趋势

环境扫描能确定外部环境中可以利用的正面趋势或需要克服的负面趋势。分析以下趋势（见表 7-3），如果会对战略计划产生影响，请指出其影响。如果必要，可以用你所在行业的发展趋势进行替代。

表 7-3　外部趋势对业务的潜在影响

| 外部趋势 | 对业务的潜在影响 |
| --- | --- |
| 人口老龄化 | |
| 生物医学和药物的发展 | |
| 领导者的信任危机 | |
| 数码科技的爆炸式发展 | |
| 教育的变化发展 | |
| 波动的经济 | |
| 全球化 | |
| 保健体制的变革 | |
| 信息超载 | |
| 工作重新定义 | |
| 知识管理 | |
| 终身学习 | |
| 企业合并 | |
| 新的销售渠道 | |
| 肥胖焦虑 | |
| 隐私问题 | |
| 质量 | |
| 机器人技术 | |
| 可持续发展 | |
| 技术 | |
| 不确定性 | |
| 虚拟现实 | |
| 工作人员生产力 | |
| 极限运动 | |
| 职业生涯自我规划发展 | |
| 变化发展越来越快 | |

另一种方法是从客户的角度来分析趋势。在客户价值链中，即从

产品的认知、购买、使用和处置这一过程中，存在哪些可以对产品进行差异化的机会？如图 7-4 所示的客户价值链。

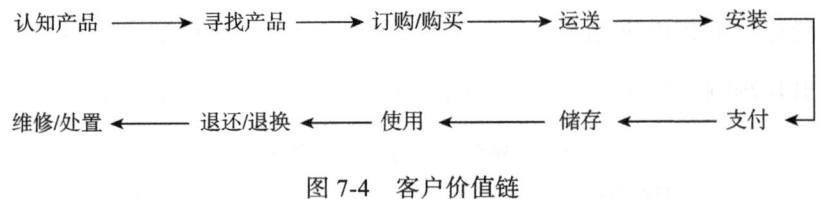

图 7-4　客户价值链

客户如何开始认知其对产品的需求，而你又可以如何对客户施加影响？例如，欧乐 -B（Oral B）牙刷的蓝色条纹在使用过程中会逐渐褪色，以此提醒客户该购买新的牙刷了。在该案例中，在产品设计中考虑了促使客户购买新产品的触发因素。有时候，客户的产品认知来源于沟通和包装。有一种小苏打的包装开了一些小孔，可放在冰箱内除去异味，这种包装方式可以提醒客户注意产品的用途。

有些企业的产品比竞争产品更容易让客户找到，这也是其优势。麦当劳的金色拱门很容易识别，可让顾客迅速找到餐馆；而合适的域名则有助于用户在互联网上获取企业的信息。

简化订购流程可能对特定细分市场的客户有利。随着因特网的发展，提供全天候服务日渐成为客户的一种正常期待，但仍有许多客户渴望面对面的接触和建议，而这是电子设备做不到的。

简便的提货方式同样有利于客户。越来越多的商家提供在夜间或周末运送家具、安装有线电视及诸如此类的其他服务，因此客户就不再需要在上班时间请假了。

简化安装也对客户有利。电脑企业已开始用涂上不同颜色的电缆来连接显示器、中央处理器、键盘及其他部件，这就简化了客户的组装过程。

简化付款程序对有些客户是有利的。忙碌的客户欢迎加油站提供信用卡付款服务或公路收费站采用条形码扫描的方式进行收费。许多信用卡企业提供自动还款服务项目,月账单消费金额可从客户的支票账户自动划转到信用卡企业。

产品易于储存是一项优势。最近,可口可乐公司推出了"冰箱包装"产品,不仅可以方便地存放在冰箱中,而且还在前侧开口,方便客户取出罐装饮料。有些保险公司发现客户喜欢用电子方式储存保单,可以简化保险内容的查询和索赔申请手续。

帮助客户最有效地使用产品或服务也是一项优势。咨询热线、常见问题回答和客户友好型使用手册等都有助于建立良好的客户关系。

虽然企业需要仔细监控产品退还和退换服务,但也不能小看其对客户的重要性。在这方面制定合理政策的企业能够获得客户的忠诚度,尤其是在这方面有过不愉快经历的客户。

客户价值链的最后一个环节是产品的修理或处置。虽然并非所有产品都需要这一环节,但对诸如家用电器、电池、机油及其他具有危险性的产品来说,这是一个重要的环节。能为客户简化这方面程序的企业可能会具有潜在的竞争优势。

## 思考要点

为了完成产品线愿景中所列的目标,需要采取什么战略?

▶ 如何拓展核心业务?

▶ 我可以充分利用哪些资产或资源?如何优化?

▶ 可以利用哪些趋势(或减少其负面影响)?

## 战略实施

作为变革推动者,产品经理必须有能力实施战略,也必须能与其他人共同实施。为了保证战略的有效实施,需要注意以下几点。首先,人们必须认同变革的必要性,必须相信现状是不可接受的,而战略所追求的商机是切实可行的,并与企业的整体战略是一致的,追求商机所获得的回报大于付出的代价。

其次,产品经理必须克服变革和实施战略的障碍。在成功实施战略的过程中,存在哪些部门利益障碍、个性问题及目标分歧?在制订产品战略计划时,需要考虑如何最大限度地减少这些因素的负面影响(见表7-4)。

表 7-4 减少阻碍因素负面影响的方法

| 可能阻碍战略实施的因素 | 最大限度地减少负面影响的方法 |
| --- | --- |
|  |  |
|  |  |
|  |  |
|  |  |

再次,员工必须理解战略实施对个人的影响。

- 这种变革与我的工作有什么关系?
- 我应该具体做些什么?
- 企业会如何考核我的工作?我将面对怎样的结果?
- 会给我带来什么?

最后,还需要建立战略反馈与学习的系统,确保战略能够向前推进。反馈应该包括:(1)战略是否在贯彻实施;(2)战略假设是否仍然可行。

## 思考要点

我与本企业其他员工沟通产品愿景的效果如何?

▶ 其他员工是否认同战略对企业的重要性?

▶ 参与战略实施的员工是否理解战略对个人的影响,并愿意承诺投入?

▶ 我是否向其他员工明确了战略方向的紧迫感?

## 关键要素

▶ 制定有效的客户、竞争与产品线战略。

▶ 制定未来的产品年度报告,可以帮助你展望未来。

▶ 兼顾战略思考与战略计划活动。

▶ 确定未来潜在客户的特征、需求和可能存在的变化。

▶ 确定未来潜在竞争对手的战略(直接战略与间接战略)。

▶ 明确并优化核心业务。

▶ 确定可用于扩展产品线的资产与资源。

▶ 确定战略计划需要考虑的趋势。

▶ 寻找客户价值链中能够创建优势的机会。

▶ 和相关员工沟通愿景,并争取支持,以确保战略的实施。

### 战略清单

**战略思考**

| | | |
|---|---|---|
| 是否明确了未来产品线的愿景? | 是 | 否 |
| 是否避免了简单地根据过去的情况来预测未来? | 是 | 否 |

| | | |
|---|---|---|
| 是否兼顾了战略思考与战略计划活动？ | 是 | 否 |
| 是否确定了并能描述未来潜在客户及其需求？ | 是 | 否 |
| 是否明确了竞争领域的未来变化？ | 是 | 否 |
| 是否明确了对客户来说最重要的方面？ | 是 | 否 |

### 战略制定

| | | |
|---|---|---|
| 是否明确了现状和目标之间的差距？ | 是 | 否 |
| 是否了解在制定战略时需要权衡取舍？ | 是 | 否 |
| 是否清楚地表达了核心业务？ | 是 | 否 |
| 是否评估过能将核心业务拓展到新机会领域的方法？ | 是 | 否 |
| 是否明确了企业的资产并对其充分利用的战略方法？ | 是 | 否 |
| 是否明确了未来的重要趋势并在制定战略时加以考虑？ | 是 | 否 |
| 是否全面分析了整个客户价值链，并确定了潜在的竞争优势新领域？ | 是 | 否 |

### 战略实施

| | | |
|---|---|---|
| 是否说服了组织其他成员认同战略的重要性？ | 是 | 否 |
| 是否确定了可能阻碍战略实施的因素？ | 是 | 否 |
| 是否确定了最大限度地减少这些因素带来的影响的方法？ | 是 | 否 |
| 企业其他员工是否理解战略对其个人的影响？ | 是 | 否 |
| 他们是否愿意接受这些影响？ | 是 | 否 |
| 是否明确了战略的紧迫感？ | 是 | 否 |

# 第 8 章

# 新产品的概念与开发

> 最危险的莫过于只有一个创意。
>
> ——法国哲学家、作家埃米尔·查特（Emile Chartier）

许多企业发现，产品开发的成功主要取决于一系列的逐步进展，而非一次性的重大创新。成功开发新产品需要源源不断的创意，需要评估这些创意的商业化潜力，还需要判断其是否符合整体产品战略，如我们在第 7 章所讨论的那样。我们可借用漏斗来描绘这一方法（如图 8-1 所示）：先把各种

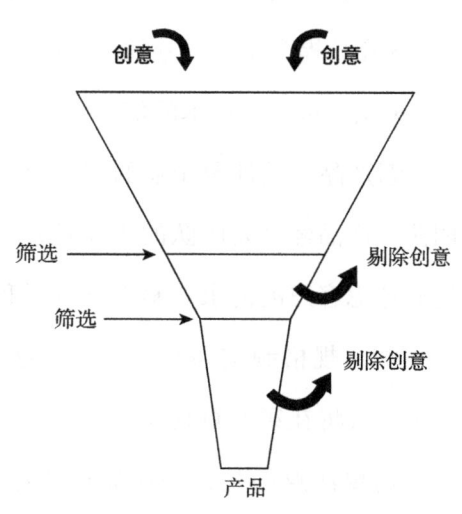

图 8-1 新产品漏斗

各样的创意放进去，然后根据其是否可行进行删除或剔除，最后留下

的是成功的新产品。在此过程中所评估的创意越多，就越能开发出强有力（不只是"够好"）的产品。

## 新产品的目标

新产品开发需要先明确企业的产品线目标。有些目标可能需要新产品来实现，有些目标可能纯粹是财务方面的，而有些则可能主要与具体的战略行动直接相关。下面我们来举例说明新产品的一些战略目标。

- 开发新市场（例如，不同的行业细分市场、正在成长的消费者利基市场或新的国家市场）。
- 抵制国外竞争对手占领市场份额。
- 防止低价竞争对手抢夺销量。
- 将企业定位为整体解决方案提供者。
- 充分提升工厂设施的生产能力。
- 减少对落后技术的依赖。

新产品开发涉及企业的多个职能部门，一般需要组建新产品项目团队。产品经理是团队的领导者或成员，可能需要在整个开发过程中充分考虑客户的需求。整个开发过程包括产品概念（创意）形成、销售预测、规格制定和 β 测试等。这一过程的最终结果是商业化或产品上市（将在第 9 章讨论）。新产品开发过程的基本流程如图 8-2 所示。需要注意的是，完成流程图每个方框中的活动之后，需要对产品进行重新评估，以决定是需要继续开发下去，还是终止开发过程。我们可把这些评估称为"筛选"（screens）、"门槛"（hurdles）、"阶段筛选"（stage-gates）、"通过查验"（tolls）等，用来决定开发过程是否可以进入下一阶段。

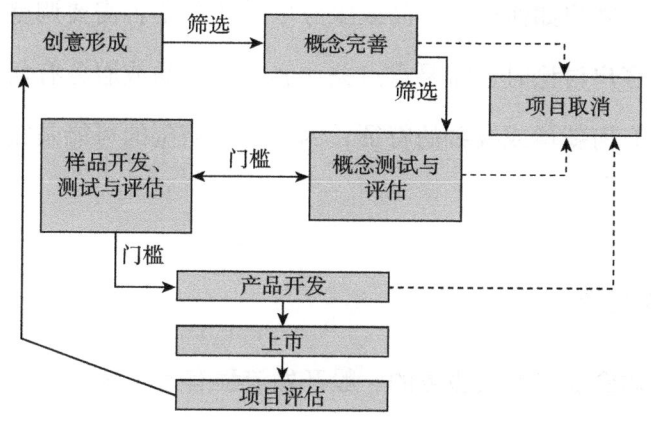

图 8-2　新产品开发流程

## 创意形成

产品经理有责任帮助企业达成新产品的目标，因此，其必须能够坦诚接受各种不同来源（内部和外部）的创意。<sup>⊖</sup>我们可用第 7 章中所介绍的战略思考的方法，也可用下面要介绍的其他方法来构建创意，这些方法包括客户研究、竞争分析和各种调查活动。

我们可通过各种途径来获取客户对新产品或产品革新的意见，投诉信、保修记录和客户主动要求（有时候通过销售团队提出）等均可以反映客户的需求。然而，这些都是被动回应的方法。产品经理应该主动了解客户的意见态度，应该用一定的时间与客户（尤其是"A 级

---

㊀ 琳达·哥乔斯所著的《产品经理的第一本书》的第 8 章和第 9 章列示了有助于产品改进的一些问题。英文版由美国芝加哥 NTC 商业图书出版公司 2000 年出版，中文版由机械工业出版社出版。

客户")讨论业务、目标以及你可以满足其未来需求等方面的情况。在商业展览会或拜访客户时都可与客户进行这样的讨论。拜访客户可更好地了解客户如何使用产品或服务以及产品是否需要调整改进等情况。在与客户讨论时，需要重点关注客户对产品或服务有何期望，而不是产品有何新增或改善的特征，因为客户期望的可能是完全不同的产品类别。⊖

> **思考要点**
>
> 我对本企业产品或服务的一般开发流程有何了解？
> ▶ 企业整体的新产品目标是什么？
> ▶ 如果与企业的新产品开发目标结合起来，自己的产品开发
>   策略会有何改进？

在构建创意时，如果要突破现有产品的局限，就需要确定哪些客户具有最独到的见解。领先用户最有可能通过创造性地改变产品来满足其需求，他们可能就是你想要寻找的客户。这些客户很可能不是整体市场的代表者，而是市场发展方向的领导者。实际上，这些用户可能已经在使用过程中对产品进行了改变调整，从而形成了某种新产品的雏形。⊜ 有时候，领先用户甚至可能不是你的客户。例如，航空业

---

⊖ 搜集和评估客户对新产品创意的过程详见安东尼·伍维克（Anthony W.Ulwick）所撰写的"Turn Customer Input into Innovation"一文，《哈佛商业评论》，2002年1月，第91～97页。

⊜ 如果想更全面地了解如何利用领先用户来构建突破性的创意，请阅读艾瑞克·冯·希伯尔（Eric von Hippel）、斯特凡·汤克（Stefan Thomke）和玛丽·宋内克（Mary Sonnack）的"Creating Breakthroughs at 3M"一文，《哈佛商业评论》，1999年9～10月，第47～57页。

所创造的防锁死刹车系统就被运用到了汽车行业中。

如果要获得此类创意信息,在对客户进行访谈时,所提的问题应该是开放式而非封闭式的。客户在回答这些问题时需要进行全面的考虑。例如,我们可以这样来构建问题:

- 请描述你在使用＿＿＿＿时的体验。
- 请问是什么原因促使你初次购买此类［产品或服务］,你希望未来有什么新的属性?
- 请描述［某一问题］的理想解决方案(应超越产品的特色)。
- 请问［某一问题］的现有解决方案为什么会让你感到失望(或沮丧)?
- 请详细说明你是如何购买／使用／修理／处置＿＿＿＿的。
- 请描述你心目中完美的＿＿＿＿,并区分什么是绝对必要和什么只是锦上添花或可有可无的。

请注意,对这些问题的陈述和答复是用来设计产品,而不是用来确定产量的(如销售预测)。

竞争分析也可用来构建潜在的产品创意。分析一下竞争对手完整的产品或服务线:它们有哪些你所没有的产品或服务?对你的客户重要吗?然后,再对产品进行比较,竞争产品或服务有什么特色或功能是你所没有的?这些不同之处都可能形成新产品的创意,但要注意避免开发没有什么竞争优势的"跟风"产品。

产品经理还可以用另外一些方法来构建创意。图 8-3 形象地展示了创意构建的各种来源。与企业的研发人员进行讨论,你可能会发现某些可以增加客户价值的产品设计。供应链合作伙伴,如分销商或供应商等的意见，也可能会有一些能让你成功扩展产品线的创意。需求未满足的细分市场可以产生新产品的创意。研究企业过去的成功和失败的经验教训，分析组织中其他部门所具有的能力，使用类比和隐喻式的讨论都有助于启发新产品的创意。

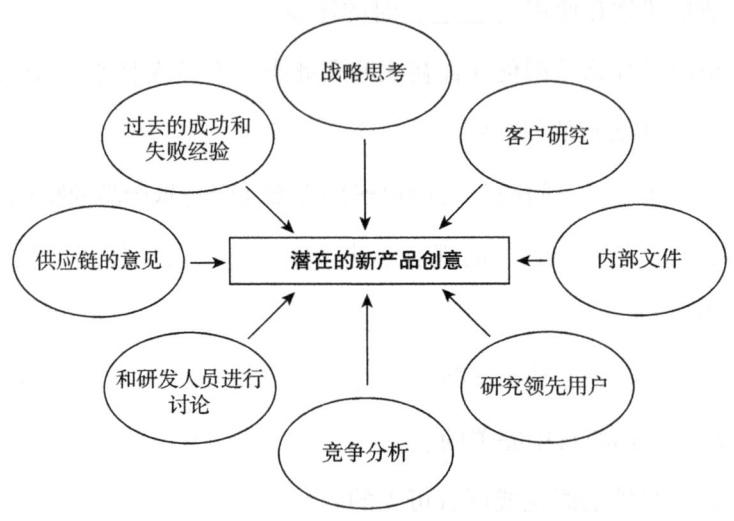

图 8-3　新产品创意的来源

构建新产品创意应确定以下目标：

- 创建持续不断的创意来源，以便在不同的开发阶段都有新产品。
- 有助于确保达成企业的增长目标。
- 开发出具有各种不同风险程度的产品组合。

一般而言，在整个开发期间，需要不断筛选创意，并确定是否需要继续开发下去。某些筛选是非常直观的（如需要的技术至少在未来 25 年内不可能达到），而有时需要进行基本的二手数据研究。随着创意从概念成长为产品，需要通过越来越详细的评估筛选。

## 第 8 章
### 新产品的概念与开发

> **思考要点**
>
> 构建新产品创意的效果如何?
> ▶ 我花多长时间来了解客户的未来需求?
> ▶ 在帮助我形成新产品创意的过程中,领先用户扮演了怎样的角色?
> ▶ 为了维持优势,我对竞争状况的了解程度如何?

## 预测和概念筛选

通过初步筛选的新产品创意(例如,是否可行并符合企业战略)必须予以进一步完善和量化验证。产品经理必须能以合理的销售预测来验证新产品创意。如果企业同时考虑几个新产品创意,提出最有说服力的统计数据与销售预测的产品经理的创意方案通常能够胜出。销售预测是产品经理对新产品未来销售的期望。

实际上并不存在唯一正确的预测方法,但在预测过程中确实需要考虑一些基本要素。产品的整体市场潜力如何?如何最大限度地实现市场潜力?客户和竞争对手的哪些行为可能会限制或促进销售?这是全球性的新产品,还是将新产品引入成熟的市场?与类似产品相比,该产品的预期寿命有多长?

构建新产品创意所涉及的研究主要是定性研究,但要对新产品进行预测,就必须结合定性和定量的研究方法。重要的是需要认识到,财务分析的准确性往往高于销售预测。

预测可能需要考虑几个方面：市场潜力、增长率、客户销售预测、市场摩擦和企业影响。①市场潜力是对某一类别产品（包括本企业产品和竞争产品）的销售估计。增长率是这一类别产品现在的和未来的预计增长速度。在此类信息中，很多可以通过二手数据得到，如贸易协会和政府统计数据等。市场潜力可以是通过普查数据获取的某一特定人口统计变量类别的人口总量，或是根据当地政府及贸易资料编制的某一地区的就业数量。某一市场的增长率信息可以用相对现在过去几年的增长百分比来表示，但如果要用这一增长率来预测未来，应特别谨慎。技术、时尚潮流、经济或其他因素的变化，都可能引起增长率的上升或下降。评估市场潜力与增长率，除了通过二手数据，还可以采纳专家（企业内部和外部）意见。其中一种方法是**德尔菲法**（Delphi Method），先请不同专家预测，并提出预测的理由。然后把这些预测信息进行汇总，再以匿名的方式把汇总信息发给这些专家。因为每位专家都能获取其他专家的预测及其理由，但又没有面对面讨论的压力，因此，他们可以更客观更有效地改进预测意见。

客户销售预测一般需要先估计市场潜力，尤其是在企业推出全新产品时，更是如此。但这只是预测过程的始点，必须继续往前推进。客观地讲，你可以争取多大比例的市场潜力？你可以通过企业以往类似产品的市场份额数据来进行估计（采用内部德尔菲法可能是行之有效的）。请每位销售人员评估各销售区域的预期销量及其可能性也是在预测过程中收集数据的一种方式，但要注意不能只采取这一方式。

---

① 详见罗伯特·托马斯（Robert J. Thomas）所著的《新产品开发：获取战略成功的管理和预测》（*New Product Development: Managing and Forcasting for Strategic Success*）一书，尤其该书是第 7 章和第 8 章有关新产品预测的考虑因素与方法的讨论。

类似地，征求分销商、代理商和其他渠道成员的意见也是值得一试的方法，尤其是在进行产品线扩展时更是如此。

市场摩擦是指可能影响销售的因素（主要是外部的）。新产品是否需要客户行为的重大改变？如果需要，那么产品的优势是否足以克服客户对改变的抵制？有几位发明家曾试图改善现在通用的标准打字键盘，但都没能成功。因为我们已习惯用现在这种键盘打字，改善所带来的便利并不足以克服行为改变的阻力。此外，竞争对手是否能（并会）迅速采取反击新产品的行动？渠道成员及其他利益相关者是否有动力来支持新产品？是否有任何潜在的技术变化会损害（或帮助）新产品的成功推出？应该仔细评估这些市场摩擦因素所造成的潜在影响（如市场份额、销量或销售额等）。虽然评估这些因素的影响是主观的，但通过对其进行分析思考，会迫使你对新产品的成功机会形成更现实客观的评估。

收集客户对产品类别的认知（如果是新产品）及其购买产品（或类别中的任何产品）的意向等信息，对销售预测是有用的。例如，你可以用五分制量尺来请客户表达其购买产品的意向，5表示"很可能购买"，而1则表示"根本不可能购买"。选择"很可能购买"的受访者的百分比，可以被用来乘上你的市场潜力的份额，从而得到新产品销售潜力的一般性估计。另外，如果是经常性购买的产品（或是与初次购买产品相关的消费品），那么可用这些信息来改进销售预测。

在销售预测过程中，最后需要考虑的是企业的行动对市场摩擦的影响。如果企业能投资教育客户认识新产品的价值、说服政府部门制定对新产品有利的政策或组建专业销售团队，那么就有可能改变市场摩擦的负面影响。

综合考虑所有这些因素，就可以得到预测新产品初始销售的公式

市场潜力（根据二手数据与专家意见）

× 市场份额（根据类似产品的份额）

× 可能购买的客户比例（根据客户调查与渠道成员意见）

× 预计的每次购买量（根据客户与渠道成员意见）

× 预计的购买次数（根据客户与渠道成员意见）

= 初步的销售预测

± 市场摩擦的影响（内部评估）

± 企业采取影响市场摩擦的行动

− 对现有产品的任何同类相残效应（内部评估）

= 净销售预测

以上销售预测没有考虑未来的趋势变化。要预测未来一段时间内的产品销量，可以比较过去类似产品的上市情况，并根据产品生命周期不同阶段的销售变化情况进行调整。销量与产品价格的预测信息可以和成本预测数据一起被用来进行财务预测。但值得注意的是，这些预测数据都只是估计值，把销售预测当作实际情况是很危险的。由于预测涉及很多变量，产品经理可能希望提供乐观、悲观和最有可能的销售预测。

一般而言，在产品开发的这一阶段，产品经理还需要制订业务计划，帮助管理层决定是否应投入更多的资源来将产品概念转化成实体产品。这类业务计划的基本组成部分包括以下因素：

• 内容提要

- 建议开发的产品与企业新产品目标之间的关系
- 新产品的一般性描述
- 市场分析（包括内部/外部及一手/二手数据）
- 客户意见（VOC）：用户的需求与期望
- 竞争状况（包括优势/劣势及产品预期的优势）
- 技术评估（质量功能配置/QFD）
- 产品开发计划（职能部门的参与、需用资源和项目计划）
- 生产计划（产能要求）
- 上市计划（广告、销售、定价和分销）
- 开发团队（关键人员）
- 风险因素（风险降低计划）
- 财务分析（预期报酬率、回收期、现金流量、资金需求）
- 支持性文件（研究报告、专利、合同等附件）

在新产品开发过程中，虽然应尽早舍弃不佳的创意，但更重要的是应留下好创意。这需要能够促进创造与创新的企业文化。在《引爆灵感》（*What a Great Idea*）一书中，奇克·汤姆森（Chic Thompson）讨论了确定与避免破坏创造力的"杀手词汇"的重要性。他甚至倡议给一直在抑制原创思维的人颁发"杀手词汇逮捕证"。⊖图8-4中列示了"杀手词汇"的几个例子。

也就是说，了解评估产品创意的适当标准是很重要的，这样我们就能避免把资源投入不好的创意，而能对好的创意进行投资。罗伯

---

⊖ 详见查尔斯·奇克·汤姆森（Charls Chic Thompson）所著的《引爆灵感》一书。书中讨论了如何激发创意、触发灵感激情（jump-starting meeting）以及用各种创造性方式来维持创新动能的建议和活动。

图 8-4 "杀手词汇"实例

特·库珀（Robert Cooper）所开发的 NewProd™ 模型，是企业管理人员可用来评估新产品项目的工具。该模型由一系列陈述的形式构成，评估者可用来评价产品概念，在成功预测胜出的创意方面相当有效。模型的陈述包括这样一些要素：需要的资源、产品复杂性、产品新颖度、市场规模与增长率以及竞争优越性等。杰拉尔德·尤德尔（Gerald G.Udell）也开发了一套评估工具，称之为初步创新评价体系(PIES)，旨在帮助发明者评估创新的可行性。与 NewProd™ 类似，PIES 提供了有关市场、竞争环境与产品描述的一系列问题。虽然没有一种工具可以被用来有效地评估所有类型的产品创意，但我们还是可以通

---

⊖ NewProd™ 是由罗伯特·库珀开发的评分模型，已进行了多次的修改完善。在他所著的《新产品制胜》（Winning at New Products）一书中，该模型由 48 项陈述构成，可分成五大类：需要的资源、项目性质、项目新颖度、最终产品、产品市场。对每项陈述（如该产品的市场增长很快），评估者可用从 0～10 的分值来评分，其中 0 表示"非常不同意"，而 10 则表示"非常同意"。评估者还要表达对其回答内容的信心程度。从这本书第一版出版以来，这一模型就得以不断修正完善，目前 NewProd™ 已开发成电脑评分模型，可在市场上买到。相关信息可浏览 prod-dev.com 网站。

⊖ 有关创新评估工具的早期版本方面的例子，可参见威廉·莱施（William Lesch）和戴维·鲁伯特（David Rupert）的《新产品筛选：步骤指引》（New Product Screenig: A Step-Wise Approach）一书的附录；而要了解创新协会（The Innovation Institute）建议的评估模型，则可以浏览 uiausa.com/UIAIAPi2.htm 网站。

过分析和综合这些不同的工具来创建符合自己特定需要的评估工具。NewProd™ 与 PIES 及其他方法的目的是，在新产品开发过程中，确定有助于鉴别有成功潜力的产品概念的关键成功因素。

我们可以举例说明新产品的筛选评估标准：

- 为客户提供独特的利益
- 与竞争产品相比，有明确的优势
- 建立在企业的优势与能力基础上
- 符合企业的战略计划与方向
- 可利用现有的渠道与销售队伍（或可进入新的渠道）
- 可大量生产（或只需要很短的生产周期）
- 能吸引现有的忠诚客户（或能够接触到新客户）
- 能达到可接受的最小的投资报酬率
- 投资回收期可接受
- 现有的信息技术部门有能力处理订单

### 思考要点

制订新产品业务计划的效果如何？
▶ 销售预测还有哪些可改进之处？
▶ 如何最大限度地减少新创意的"杀手词汇"？
▶ 企业最好的与最适合的新产品筛选方法和标准是什么？

一旦确定了最重要的筛选评估标准，你还必须确定是否可用它们来进行继续或停止开发的具体决策，即是否可用它们来构建评估新产品创意的工具。表 8-1 所示的是一个创意筛选工具的例子，这一工具认为，预测新产品成败有九个重要标准。第一个筛选标准"和产品组合匹配"的权重为 3。"创意 1"的评分是 1，所以它在这一标准上的加权评分是 3（1×3）。类似地，"创意 2"在这一标准上的评分是 3，其加权评分为 9；"创意 3"的评分是 2，其加权评分为 6。

表 8-1 筛选清单实例

| | 权重 | 创意 1 | 创意 2 | 创意 3 |
|---|---|---|---|---|
| 和产品组合匹配 | 3 | 1　　3 | 3　　9 | 2　　6 |
| 专利权 | | | | |
| 竞争风险低 | | | | |
| 现有渠道 | | | | |
| 符合战略 | | | | |
| 回收期 X 年 | | | | |
| 投资报酬率 Y% | | | | |
| 工具和设备 | | | | |
| 核心技术 | | | | |
| | 合计 | | | |

## 概念完善和规格要求

在新产品开发过程中，产品经理应能传达"客户的声音"。这就需要根据有关客户需求的原始数据来确定产品的规格要求。在撰写这些规格要求之前，产品经理应回顾一下新产品的目标是要达成企业的什么期望。例如，新产品是否有助于企业进入期望的市场？支持该目标的假设是什么？有何使新产品难以达成这些目标的制约因素？

在确定了与新产品目标相关的产品范围之后，还需要分析产品整体解决方案（参见第 6 章），以确保充分考虑解决方案的各方面的要求。例如，为了简化客户安装电脑组件的程序，现在的连接线采用了各种颜色来进行标示。虽然这与产品的功能无关，但需要改变新产品的要求。下面是一些可能对产品或服务有用的规格要求类别：

- 产品/服务的功能
- 制造
- 存货
- 运输
- 安装
- 客户存储要求
- 客户的产品、服务、系统或能力的界面
- 安全性
- 实体设计或外观

要理解整体解决方案，你就必须向客户收集其需求信息。需要注意的是，需求是客户希望从产品的使用过程中获得的利益，而不是产品应该如何开发。与构建创意过程类似，这可能更适合用开放式问题来收集相关信息，但问题的内容主要是用来明确产品概念的。当然，这一过程也可以采用评分量尺与封闭式问题。

概念陈述可以有多种形式。有时候，我们可以用语言文字来描述产品的差异化特征；其他时候，可能更适合用图片或是初始样品来展示产品特征。如果价格是客户购买决策的重要因素，那么在内容陈述中应包含价格因素，否则就忽略不提。如果价格是重要的评估标准，那么在客户研究中应包括目标价格。将期望的毛利从价格中扣除，就可以得到目标成本，这一数值可能会直接影响产品设计，如图 8-5 所示。

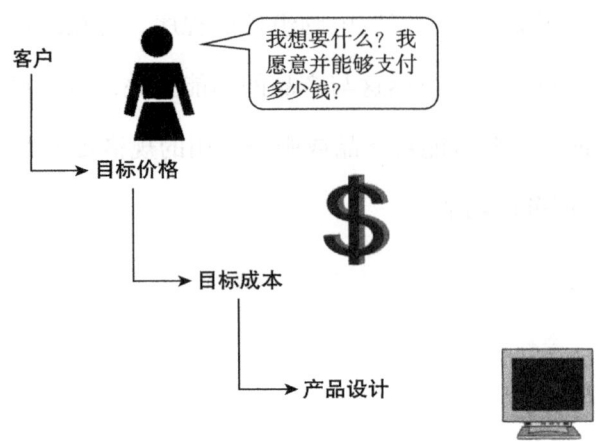

图 8-5　在产品规格中考虑目标价格

我们可以请客户来比较产品与竞争产品的概念：我们所描述的产品概念有何独特之处？他们喜欢或不喜欢产品的哪些方面，认为有哪些方面需要加以改善？如果产品上市，他们是否会考虑购买？并且，如果合适的话，他们会购买多少或购买的频率有多高？这些有关产品特色与购买意向的问题有助于改进销售预测（如前面所提到的那样），而有关产品属性方面的问题则可以引导开发产品的功能要求。我们可以请客户用"非常重要"到"非常不重要"这样的量尺来对产品的具体属性进行评分，这样就能够获取必要的数据来更明确地定义产品的特征。

因此，下一步是将你对客户需求的理解转化为可验证的产品要求。与 SMART 原则（如第 3 章所讨论的）的要求类似，产品经理应设法确定可衡量且可达到的产品要求。只了解客户对产品的要求是"使用方便"或"携带方便"是不够的，我们需要明确客户在使用产品过程中需要经历的最大步骤数，而非只是阐述客户对产品的要求是

使用方便。同样，我们需要明确产品的最大重量、携带方式和其他相关变量，而非只描述产品应携带方便。⊖

很明显的是，并非所有需求都一样重要。对客户来说，有些需求更重要，而有些需求则可以和其他需求结合到一起。将这些需求进行分门别类，并消除重复的部分，然后再根据客户告诉你的信息，确定哪些需求是绝对必要的，哪些只是锦上添花或可有可无的，从而明确客户需求的重要程度，避免在设计时加入过多的产品属性。

确定产品属性的重要程度及确立目标规格还不是这一过程的最后一步，这些属性必须与竞争产品进行比较。如果某一属性对客户非常重要，产品经理就应该尽可能地在这一属性上建立自己的竞争优势。如果某一属性对客户并不重要，产品经理就应该决定是否可以消除这一属性以降低成本，或只要和竞争产品做得一样好就足够了。

虽然明确前面所提到的高层级规格要求对某些产品来说也许是必要的，但还有些产品则可能需要明确产品组件或子组件的要求。团队的不同成员可能需要分别负责确定不同层级的产品规格要求（见图8-6）。

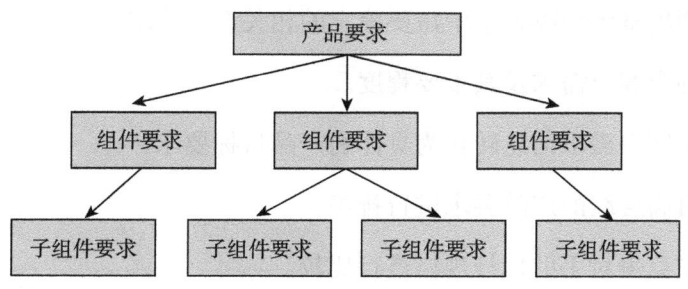

图 8-6　产品需求层级

---

⊖ 如何明确新产品的要求？可参见艾薇·胡克斯（Ivy Hooks）和克里斯汀·法瑞（Kristin Farry）的《以客户为中心的产品》（*Customer-Centered Products*）一书中的相关精彩内容，其中第10章特别强调了一些无法验证的用语及其相应的替代名词。

产品经理应该确保某一层级的产品要求与其他相关层级的要求协调一致。例如，一项新软件产品的组件或子组件可能需要与竞争产品兼容的模块或性能。很多企业在其质量控制过程中就已完成了这项任务，但也并非总是如此。例如，当子组件的规格要求无法与高层级的产品规格要求一致时，可能意味着这项规格要求是不必要的，或是在整体产品规格要求中忽略了某些东西。无论是哪种情况，产品经理都应该意识到这种不一致会影响整体产品规格要求的改进。

我们再来讨论一下最后一步——概念完善。产品经理必须考虑客户需求的重要程度、竞争绩效标杆及不同产品开发层级间的联系等，然后与团队共同完成最后的产品要求组合，这对产品开发是必要的。请注意，产品经理此时的工作是要充分提供关于产品所能带来利益的详细资料，而不是明确产品到底需要什么样的材料和设计。这应该是产品设计者的工作。

概念完善和规格要求确定过程的八大步骤概括如下：

- 回顾新产品目标及与产品概念相关的假设。
- 列出整体解决方案中需要确定的相关产品要求。
- 确定客户需求及其重要程度。
- 将客户需求信息转化为具体的产品目标要求。
- 对高层级的产品要求进行排序。
- 与竞争对手的标杆规格进行比较。
- 建立产品规格要求的层级，并理解各层级间的联系。
- 完善产品要求。

> **思考要点**
>
> 完善概念与撰写规格要求的效果如何？
> ▶ 有哪些新产品目标与此产品概念有关？
> ▶ 提供给客户的新产品解决方案的完整程度如何？
> ▶ 各层级产品要求的一致性如何？
> ▶ 产品规格是否反映了客户的意见？
> ▶ 规格要求是否有助于产品的技术设计？

## 样品测试

样品测试的目的是，在现实条件下确保产品的组件与子组件能够按计划协调运作。某些测试可以阐明客户的产品偏好（向客户提供真实的东西，观察其反应），有些测试则可以确定管理层是否决定继续新产品开发项目的里程碑。⊖不同的企业可能会使用不同的名称来称呼测试产品，如实验、α 测试、β 测试或生产前样品。在同时 α 测试和 β 测试采用时，α 测试通常是指企业内部的样品测试。例如，可能会在企业的会计部门测试财务软件，或让员工在家中使用消费性产品。β 测试则是指由外部的客户来测试产品。有些企业还采用 γ 测试，这是指将产品提供给关键的利益相关者（如行业分析师与媒体代表）使用，这些人对产品的认可会对产品的最后上市产生重要影响。

由于不同产品或服务的使用情况相差很大，所以 β 测试几乎没有

---

⊖ 如何有效地开发样品，可参见卡尔·犹里齐（Karl Ulrich）和斯蒂芬·埃平格（Steven Eppinger）的《产品设计与开发》(*Product Design and Development*)一书的第 10 章。

什么行之有效的通用原则。有些β测试只需要几天时间，而有些则可能需要几个月。有些测试可能只需要很少的客户，而有些则可能需要成千上万的客户参与。有些测试在完成后产品将免费送给客户，而有些测试在结束后客户需要返还产品甚或支付部分费用。产品经理必须使用常识进行决策。产品经理在制订β测试计划时应考虑如下问题：

- 进行β测试的产品使用者应具有怎样的最佳人口统计特征？（取决于所确定的目标市场）
- 需要多少β测试地点才能提供足够的信息？（取决于样品是否可以在不同的市场以不同的方式使用）
- 进行β测试需要多少时间（取决于客户需要多少时间才能完成产品测试）？
- 进行β测试的产品费用由谁支付？支付多少？
- 参与β测试的用户有什么风险？如有风险，如何把风险降到最低？
- 产品上市时，是否可以把参与β测试的客户当作重要的证人？
- 如何处理产品的保密性问题？

为了确保产品的质量，并在产品上市前进行必要的调整，选择β测试的地点是很重要的。然而，这些问题还蕴含了其他一些需要考虑的因素。合适的β测试地点可以支持销售团队与渠道，有助于产品上市。不幸的是，如果产品不能提供预期的功能，可能会影响企业与客户之间的关系。如果发生此类情形，也有可能会影响产品经理与客户所在地的销售人员的关系。这就需要产品经理与销售团队一起谨慎地决定合适的测试对象，并小心处理与客户之间的关系。

## 思考要点

样品测试的效果如何？

▶ 产品需要怎样的测试原则？

▶ 是否能与有客户参与 β 测试的销售人员保持良好的交流沟通？

▶ 是否选用了合适的样品测试方法？

▶ 是否获得了有助于产品最终上市的客户证明？

## 关键要素

▶ 明确企业的新产品目标。

▶ 保持源源不断的新产品创意。

▶ 同时使用回应式与主动式工具，并尽可能扩大新产品创意的来源。

▶ 协调使用不同的预测方法。

▶ 制订新产品的具体业务计划。

▶ 避免"杀手词汇"。

▶ 制定并完善企业评估筛选新产品创意的最合适标准。

▶ 如果合适的话，在新产品概念及样品开发阶段征求客户意见。

▶ 如果产品要求有不同层级，使所有层级之间协调一致。

▶ 谨慎选择参与 β 测试的客户。

## 概念与开发清单

### 新产品目标

| | | |
|---|---|---|
| 你是否清楚企业的新产品目标？ | 是 | 否 |
| 你是否已将这些目标与新产品开发结合起来了？ | 是 | 否 |
| 你是否了解企业的新产品开发流程，包括里程碑、检查点与核准过程？ | 是 | 否 |

### 创意形成

| | | |
|---|---|---|
| 在不同的开发阶段，你是否构建了持续产生新产品创意的渠道？ | 是 | 否 |
| 你的新产品创意是否能够确保企业实现增长目标？ | 是 | 否 |
| 你是否构建了新产品开发与产品线延伸的创意？ | 是 | 否 |
| 你是否同时利用了企业内部与外部的创意来源？ | 是 | 否 |
| 你的产品创意是否包括了不同风险程度的组合？ | 是 | 否 |

### 预测和概念测试

| | | |
|---|---|---|
| 你的预测是否建立在多个信息来源的基础上？ | 是 | 否 |
| 你的预测是否考虑了市场摩擦？ | 是 | 否 |
| 你的预测是否考虑了可能会发生新老产品同类相残的情况？ | 是 | 否 |
| 你的预测是否有助于制订具体的业务计划？ | 是 | 否 |
| 你是否采用了适当的标准来评估筛选好和不好的创意？ | 是 | 否 |

| | | |
|---|---|---|
| 你是否在不断完善撰写业务计划的程序？ | 是 | 否 |

**概念完善和规格要求**

| | | |
|---|---|---|
| 在撰写产品规格要求之前，你是否已从各个角度探索了整体解决方案？ | 是 | 否 |
| 你考虑了最终价格是否会对潜在的产品设计特征有重要影响吗？ | 是 | 否 |
| 你撰写的产品要求是否可行且可以衡量？ | 是 | 否 |
| 你的产品要求是否采纳了客户的意见？ | 是 | 否 |
| 如果适用的话，请问是否所有的产品要求层级都相互一致？ | 是 | 否 |

**样品测试**

| | | |
|---|---|---|
| 你是否明确了新产品开发过程中样品测试的作用？ | 是 | 否 |
| 在确定哪一种是最合适的样品测试方法时，你是否考虑了各种方法？ | 是 | 否 |
| 你是否制订了完整的 β 测试方案？ | 是 | 否 |
| 你是否和 β 测试地区的销售人员进行了良好的沟通？ | 是 | 否 |
| 你是否获得了参与 β 测试的客户提供产品证明的承诺？ | 是 | 否 |

# 第 9 章

# 新产品上市指南

> 如果尽力了还是失败，那也比什么都没做却获得成功要好得多。
>
> ——洛伊德·琼斯（Lloyd Jones），作家

产品上市是指通过整合各种活动将产品推向市场的过程。这一过程可能包括培训销售人员和渠道成员、通过广告和公共关系与客户进行沟通联系、内部发布产品等活动。为了确保产品上市的有效性，必须事先制订周详的计划。上市期间需要实施的大部分计划应在上市之前完成。事实上，如果产品上市活动只是向内部和外部销售代表承诺各项系统和营销沟通即将推出实施（而非已经准备好），这样就可能会损害产品上市的信誉。因此，本章将分析实际产品上市前的各项准备工作，然后讨论产品的正式上市，最后简要概述产品上市后需要考虑的几个问题。

# 上市准备：尽早开始

新的产品和服务推向市场的速度往往是惊人的，有时候甚至会导致产品的"过早"上市。产品在上市前需要进行大量的决策，这样，在产品全面推出之际，各项细节工作都已经准备完毕。新产品上市前需要考虑的基本要素见表9-1，分别是新产品基本原则、时机、范围、辅助性问题、沟通策略、利益相关者以及截止时间等。

表 9-1 上市前的准备工作

| | |
|---|---|
| 新产品基本原则： | 定位和目标 |
| 时机： | 上市时间 |
| 范围： | 分批还是全面上市 |
| 辅助性问题： | 包装、保证 |
| 沟通策略： | 行动方案 |
| 利益相关者： | 他们是谁、有什么需要 |
| 截止时间： | 里程碑、日期 |

我们需要对这七个方面进行仔细评估，以提高新产品成功的潜力。当然，这需要大量的时间和精力，尤其是在需要各方面的广泛支持时，则更是如此。如果把产品上市当作一项简单的营销工作，就不会像获取各方面广泛支持时做得那样出色。

## 明确新产品基本原则

在新产品开发过程的早期就应制定大部分基本原则，但如能在新产品上市前再回顾一下，确保没有疏漏之处，无疑是十分有用的。应该回顾一下战略、目标客户、市场定位以及其他类似的事宜，确保其明确性。

了解新产品如何与企业总体战略匹配，对于制定新产品上市策略至关重要。有些新产品被用来加强企业的发展方向，而有些则被用来改变方向。例如，有些新产品可能是为了满足不同国家或行业的目标客户，因此，不仅需要新产品，可能还需要调整品牌和沟通策略。有些产品是单独上市的，而有些产品则需要与其他相关产品一起构成完整的解决方案。如果不能单独上市，那就不要急着上市，在客户能够获取完整的解决方案后再上市，这才是明智之举。有些产品是现有产品的替代品，而有些产品则是互补性产品或独立的新产品。如果是替代品，那么其上市时机至关重要，以免造成产品积压或脱销等状况。

> **思考要点**
>
> 这一新产品如何与本企业、品牌及产品战略相匹配？
> ▶ 产品在帮助企业达成增长目标及企业形象方面扮演什么角色？
> ▶ 产品是采用独立的品牌，还是共用企业的品牌？
> ▶ 与其他产品的相关性如何？可以采取哪些策略来提高总体产品线的效果？

我们接着再来确定新产品在哪些方面符合产品系列的整体发展路线图。属于现有的产品平台还是开创了新的产品平台？是否可以充分利用过去已经成功的产品？是否需要降低某些功能的重要性？如果是技术产品或药品，那么在符合行业标准方面做得如何？客户是否关注新产品与已有设备或软件的兼容性？如果之前对新产品进行过β测试，那么测试的结果数据是否有用？

产品经理还应再看一看新产品上市需要哪些资源，检查一下是否有足够的预算和产能来支持新产品实现既定的目标，或是否有必要进行调整。

确定目标客户需要参考的标准行业分类（SIC）代码或客户人口统计特征。对工业产品来说，需要先列出客户的工作职位、职责、企业类型与规模等内容；而消费性产品则要列出客户的年龄、性别、收入、教育程度和婚姻状况等人口统计特征。然后，进行深入分析，请你扪心自问，你是否已经明确了购买决策的各方面情况，如影响者、使用者和决策者的情况。首席执行官的价值取向可能与工程师或部门主管有所不同。接下来确定是否真正理解新产品的各种价值。销售与广告宣传针对的主要市场和次要市场是什么？这些广告信息会有何不同？确定新产品的主要潜在客户是新客户还是现有客户及其对上市的影响。分析目标客户的心理特征对销售人员是有用的，如产品使用、可获得的利益、竞争产品以及风险承受等情况。应该将潜在客户视为一个具体的"人"或"客户"，而非只是一个抽象的"市场"。潜在客户的工作内容是什么？如果发现最佳客户特征和参与 $\beta$ 测试的客户正好一致，那么就可以根据这些情况开始描述目标客户。

### 思考要点

新产品最佳客户的特征是什么？

▶这一新产品可以解决什么问题？

▶客户或其他购买决策者各方的价值取向是什么？

新产品基本原则还包括在开发过程早期确定的定位和财务目标。定位是确定产品在市场与竞争对手中的合适位置。对竞争产品及将被取代的内部产品而言，新产品有何优势？优势是来源于产品特色，还是来源于企业形象和支持？是否卓越？客户是否了解？哪类客户受益最多？相对竞争产品而言的新产品越具优势（能够感知，也是真实的），其成功的可能性就越大。无论优势是主观的还是客观的，都应明确阐述。产品的定位说明应明确竞争对手、新产品的优势及其证据。

有时候，在新产品准备上市时，对其所做的市场研究已经是几年前的事情了。因此，产品经理需要确定原有研究信息是否仍有效，或是否需要开展新的研究。客户的需求是否已经发生了变化？竞争产品是否有所变化？价格是否依然合理？

**明确时机**

新产品上市时机的重要性因行业而异。上市时机受多种因素影响，如竞争对手、同一产品线的其他产品等，需要进行深入探究。

**思考要点**

新产品的竞争定位是什么？
➤ 是否确实具有优势？
➤ 是否需要根据实际情况及时调整产品定位？

如果可以选择，绝大多数企业会选择在竞争对手之前推出新产品。然而，不管是在竞争对手之前、之后或与之同时推出产品，都各有利弊。在竞争对手之前推出的好处，一方面是可以通过不断改进产品来设置竞争对手的进入障碍，进而树立领导地位。从另一方面来看，在许多情况下，快速跟随者能够吸取创新者的错误教训而取得优势。在推出全新产品时，与竞争产品同时上市则可以分担市场"教育"费用。虽然要准确确定产品上市的相对时机是很困难的，而且时机牵涉的因素也十分宽泛，但还是需要深入理解，并把它作为整体上市策略的一部分。

要确定新产品上市的时机，应该考虑新产品对产品线中其他产品的影响。如我们在前面所讲的那样，在必要的配套零部件还没有准备好之前推出新产品，在时机上是不成熟的。与此类似，推出替代性新产品时，也必须选择适当的上市时机。如果分销渠道还有大量存货，那么你可能就会希望延迟上市时间，先把要替代的老产品尽可能地清仓销售掉。反之，如果产品延期上市造成既没有老产品也没有新产品的市场真空期，那么就会为竞争对手创造潜在的有利条件。在这种情况下，产品经理需要对新老产品的重叠期进行计划，利用定价或渠道策略来区分新老产品，减少新老产品之间的冲突。

你也需要关注本企业其他新产品的上市情况。不同新产品的上市应该间隔多少时间？具有创新声誉的企业可能会希望源源不断地推出新产品，过长的时间间隔会产生负面影响。然而，如果产品上市的时间间隔过于接近，则又会降低产品上市的效果。

产品上市时机还受其他实际因素的影响，如季节性、客户购买周期以及新产品展览的重要性等。如果还没做好应对这些时间敏感性事件的准备，就需要决定是应该将上市时间推迟到下一相关事件，还是不考虑这些时机因素，直接上市。

> **思考要点**
>
> 什么是产品上市的最佳时机?
> ▶ 是否需要考虑即将上市的竞争产品?
> ▶ 新产品会给现有产品带来什么影响?这对上市时机是否会有影响?
> ▶ 季节性、客户购买周期或商业展览对产品上市时机有什么影响?

## 明确范围

在理想的情况下,新产品会向整个目标市场同时推出。然而,在某些情况下,分批依次上市比全面上市要更有利一些。首先,本企业不一定具备满足整个市场潜在需求的能力,因此可能需要分批上市。其次,企业的现金流量可能是需要关注的一个问题:分批上市策略可为企业进入其他细分市场提供早期现金流量。最后,分批上市策略可以降低风险,可让你在商业化过程中取得经验;但不利之处是,分批上市策略会让全面上市的竞争产品占据主导地位。

计划分批上市策略时,需要考虑如何对各细分市场进行最优排序。是希望先进入规模和销售潜力方面最具吸引力的市场?还是觉得先进入竞争较弱的市场,以获取市场经验、知名度和地位为好?我们可以根据地理分布、行业或用途等来细分市场。例如,在大举进入工业化国家之前,新产品的国际分批上市过程可先从美国开始,然后再开拓欧洲和亚洲的部分国家。新产品的国内分批上市则可先从大城市或客户高度集中的特定区域开始。类似地，企业也可以根据行业或产品用途来确定上市顺序。例如，营养食品的上市可先从医院和保健机构着手，然后再推向商业及零售市场。

分销渠道也可能会影响分批上市策略。如果有分销商或零售商愿意提供现金流和相应服务，那么可先从这里着手，然后依次推进后续销售。哪些渠道和渠道成员对新产品的成功至关重要，你计划采取何种方式来激励他们？扪心自问一下，潜在客户可能会期望以何种方式来购买产品。互联网能发挥什么作用？现有的销售代表和分销商是否能够接触到合适的产品客户？选定的渠道是否适合产品的价格定位？他们能否提供充分的支持？

在确定分批上市顺序时，可以根据表 9-2 所示的市场评估标准，对潜在市场（行业和区域等）进行排序。

表 9-2　分批上市的潜在市场评估

|  | 市场 A | 市场 B | 市场 C | 市场 D | 市场 E |
| --- | --- | --- | --- | --- | --- |
| 销售潜力 |  |  |  |  |  |
| 当地声誉 |  |  |  |  |  |
| 老产品存货 |  |  |  |  |  |
| 竞争状况 |  |  |  |  |  |
| 总体排名 |  |  |  |  |  |

## 明确辅助性问题

产品的整体包装，如实体包装、保证和支持性服务等，会影响新产品的成功上市。这些方面不应等到上市以后再来考虑，而应在开发阶段和上市前就进行计划。产品包装有几个目的：保护产品、提升定位、便于储藏和使用或回收等。包装是客户期望的解决方案的一部分。客户会在哪种情况下储存产品？产品的防水性、耐压性和紧凑性等特性对客户是否重要？客户希望产品独立包装，还是喜欢散装？客户是否偏爱保护环境的"绿色包装"？产品文件对技术产品或复杂产品来说是重要的辅助性材料。文件可能包括产品说明书、用户手册、配置指南和其他相关支持材料。你是否已准备好了这些文件？为了方便使用，应避免使用行业术语和人为复杂化。

> **思考要点**
>
> 全面上市还是分批上市？
> ➤ 分批上市是否能够改进现金流量或正面引导分销商或客户？
> ➤ 分批上市的顺序如何？为什么？
> ➤ 在渠道设计和选择方面，应考虑哪些变化？

有时候，卓越的产品保证也是一种竞争优势（或可以克服客户感知的劣势），但前提是必须经过精心计划并能够有效执行。在设计保证方案时，应该解决一系列问题：保证期限是多长？为什么？产品保证的对象是谁？执行保证的条件是什么？执行保证时应该提供什么（更换、修复、退款）？竞争产品保证的内容是什么？

支持性服务也可能会影响新产品的接受度和满意度。第三方的安装服务对目标市场重要吗或是否提供技术咨询热线和网站就足够了？是否对服务提供者进行了必要的培训？还有什么其他建议可能对目标市场很重要？是否需要根据市场的需求定制产品？竞争对手是否提供了定制产品？是否有提供支持性服务的相关流程？

所有辅助性材料都应该和新产品配套上市。在没有准备好完整的支持服务系统或产品整体解决方案前就向外（包括销售人员）宣布新产品上市，这样对企业造成的伤害，有时候要超过不推出产品对企业造成的伤害。

> **思考要点**
>
> 新产品成功上市需要哪些辅助性产品或服务？
> ▶ 如何通过产品包装来增强竞争优势？
> ▶ 如何通过产品保证来增强竞争优势？
> ▶ 哪些额外的服务可以增强新产品的成功潜力？

### 明确沟通策略

新产品上市的信息与媒体策略应遵循营销沟通的许多一般性原则（我们将在第 11 章中讨论），我们在这里先讨论对新产品上市策略最重要的一些问题。如果可能的话，新产品沟通策略应先从公共关系与宣传报道着手，并应在上市前做好。新产品越具差异化和独特性，公共关系就越重要。**公共关系**是指企业为了获得媒体曝光所筹划安排的活动与事件，如开放参观、游览、演讲与赞助活动等。**宣传报道**（publicity）是在媒体上发布有关这些事件的信息及刊发文章和新闻稿。

公共关系与宣传报道是向客户提供具有独特利益的产品的首要沟通工具（换言之，除了产品线延伸或成本降低的产品，这些工具往往是最有效的）。例如，立普妥（Lipitor）是华纳·兰伯特公司（Warner Lambert）开发的一种降血脂药丸。在美国食品药品监督管理局（FDA）

对其进行测试的最后阶段，该公司与美国心脏协会（American Heart Association）合作，共同举办了全国性胆固醇教育活动。通过这一公共关系活动，该公司将自身定位成关注高胆固醇的企业，因此为立普妥建立了稳固的定位。

在策划新产品的公共关系活动时，产品经理还可以考虑其他一些方案：

- 在商业展览与其他活动中采用系列性宣传资料。这些宣传资料应包括新产品的 β 测试结果（如果有的话），详述新产品重要性的白皮书，企业历史、定位与背景信息及新闻稿，等等。
- 给选定的刊物投稿，向读者解释新产品如何给他们带来利益。要让出版商对这类文章感兴趣，产品必须确实新颖别致，而且文稿的内容也必须向读者提供有价值的信息，而非只是在兜售产品。
- 如果产品确实具有独创性，还可以考虑在商业展览中进行展示。
- 在合适的媒体上发表新闻稿。

在充分利用各种公共关系机会之后，就该认真推进广告宣传了。公共关系活动通常应在上市之前着手，但大多数广告宣传及其他促销活动则应与上市同步进行。要有效地开展广告促销活动，就必须在上市前做好计划。

一般而言，新产品上市的广告或营销沟通活动应制定目标、信息策略和媒体策略。目标阐述你希望广告能为新产品做什么。你想创建知名度吗？如果是，那么你可以用这样的量化方式来陈述目标：在上市后 3 个月内，争取目标市场中 40% 的客户知道可在市场上买到 X 产品；或在上市后 10 个月内，争取市场上 30% 的客户知道新产品能延长其设备的寿命。如果广告宣传活动的目标是刺激客户试用产品，那么你就可以这样阐述目标：争取目标市场中25%的客户试用产品。

为了明确定义目标市场，需要先回顾"最佳潜在客户"的特征，再来确定需要强调的最重要的产品利益，而这就是信息策略的焦点。然后，在整个沟通活动中始终强调产品为**这一特定市场带来这样的利益**。在沟通活动中，需要回答下列几个问题：产品（服务）能为潜在客户做些什么，如何做到？为什么会比竞争产品更好？有什么令人信服的证据？如果潜在客户购买了产品之后不满意，他们可采取什么行动？需要注意的是，第一个问题确定了产品利益，第二个问题提出了向客户提供利益的产品特色，第三个问题则证明了产品优势。

这与典型的FAB（features/特色、advantages/优势、benefits/利益）销售培训方法的内容是一样的，只不过调整了顺序，变成BFA，认为"利益"是最重要的，应最先呈现给客户。产品经理的职责是，将前面提到的定位策略转变成与客户沟通的信息，并保证信息的相关性和时效性。为了让客户信服，请务必获取对产品上市有利的β测试数据。然后，产品经理需要确定传播信息的最佳媒介策略：商业展览、销售人员和渠道成员、平面媒体、直接邮递、电子传递或其他媒体方式。产品在上市时，需要在商业杂志中做针对性的广告，同时在商业展览会上展示产品，多种方式的结合是十分有效的。创造性地运用潜在的媒体，尽量向潜在客户多次传播产品信息。

直接销售人员需要各种沟通材料，如企业内部（机密）信息、访问客户时可以使用的销售工具、可送给客户的辅销材料等。内部文件包括产品的销售目标、定位、与竞争产品的对比及其他专有资料（这些信息可能会列示在企业内部网上，也可能会打印出来供内部交流）。销售工具主要用来帮助销售人员完成销售访问，因此，其重点应该是**如何销售**。应该根据前面提到的 BFA 方法，从客户的角度来撰写辅销材料（如果销售对象是分销商，那么材料应强调分销商将如何从产品中受益；如果销售对象是终端用户，那么材料应强调终端用户的利益）。即使客户是终端用户，产品的利益也会因个人的层级而异。例如，高层管理人员关心新产品对财务状况有何影响，而技术人员则可能对产品的数据手册更感兴趣。产品经理通常只提供产品特色与利益（对技术人员有用），而没有向销售人员提供高层管理人员需要的支持性材料。

产品经理向间接分销渠道提供的沟通材料则会有所不同。沟通材料需要强调与制造商和分销商的合作关系，而不应包括企业内部的机密信息。对高利润产品而言，如果能够提供有关产品及销售知识的视频材料与电子自我测试系统，可能是有益的，但这仅限于渠道成员认识到投入时间确有价值的情况。其销售工具可能需要更简短些，辅销材料应关注终端用户的利益。直接分销渠道和间接分销渠道沟通材料的预算分配比例取决于上市策略所确定的分销渠道的重要性。

> **思考要点**
>
> 上市整合营销沟通的效果如何？
> ▶ 如何增强公共关系与宣传报道？
> ▶ 营销沟通是否清楚展示了产品优势？
> ▶ 通过哪些渠道可以向合适的潜在客户最有效地传递产品信息？
> ▶ 从销售人员和间接渠道的角度考虑，该如何改进支持材料？

### 明确利益相关者事宜

虽然大部分利益相关者已参与了整个开发过程，但上市前仍有机会确保不疏漏任何人。一般而言，研发、制造与营销人员密切参与了开发过程，都知道计划上市日期。然而，其他相关人员就不一定清楚上市日期。客户服务人员应该了解新产品发布的计划日期，及早准备好用来回答客户各类问题的初稿。信息技术团队成员应确保会计与订购系统已经（或在产品上市时）准备就绪（如果客户很喜欢新产品，却因生产商的低效而购买不到，他们会感到非常失望）。如果广告部门或广告代理商没有参与整个开发过程（他们本应参与），那么到这时就必须快速跟上。如果行业分析师或意见领袖还不了解新产品，也应在上市前及时告知。新产品分批上市策略涉及的主要经销商必须知道上市时间（新产品上市时，如果需要与分销商签订新合同或变更合同，那么，此时他们应该了解相关情况）。应对技术支持人员进行培训，为新产品上市做好准备。

> **思考要点**
>
> 在上市前，该如何确保考虑到所有的利益相关者？
> ▶ 培训对所有利益相关者都重要吗？

### 明确上市期限与重大事件

从现在到上市之前，可能还要做很多事情，有些已经列入项目计划，还有一些则需要加以补充。不管是哪一种情况，制作重要活动计划图表对于提醒待办事项是有用的。

**重要活动计划图表**(milestone activities chart)列示了重要活动的预期完成时间，如购买上市设备、完成包装设计、获得法律许可证、分包专业工作与编制用户手册等。每项重要活动可能都需要分几步完成，其重要性也会因项目而有所不同。要评估其优先次序，必须考虑对产品成功的潜在影响。例如，要确保电子产品或高科技消费产品的成功，需要编制明确的技术文件，因此，技术文件就需要加以优先考虑。重要活动计划图表的形式多样，从简单的活动与日期计划表到更正式的项目进度计划图表和控制技术，如甘特图（Gantt）与计划评审技术（PERT）。产品开发过程中用到的许多项目管理原则也可以应用到上市过程中。

---

**思考要点**

应该制定哪些过程和程序来避免疏忽上市期限与重大事件？

▶ 我是否已将其他活动的所有相关日期列入重要活动计划图表？

---

## 上市前清单

**新产品战略**

| | | |
|---|---|---|
| 新产品是否符合企业形象？ | 是 | 否 |
| 新产品是否有助于实现企业目标？ | 是 | 否 |
| 新产品是否符合产品路线图？ | 是 | 否 |
| 是否明确了理想客户的特征？ | 是 | 否 |
| 在竞争定位中，新产品是否有明确的优势？ | 是 | 否 |

| | | |
|---|---|---|
| 现在的客户数据与竞争对手数据是否仍支持初始产品目标？ | 是 | 否 |

### 时机

| | | |
|---|---|---|
| 计划上市日期是否是最佳上市时间？ | 是 | 否 |

### 范围

| | | |
|---|---|---|
| 是否已仔细制定了分批上市策略？ | 是 | 否 |
| 分批上市策略是否合理？ | 是 | 否 |

### 辅助性问题

| | | |
|---|---|---|
| 是否已编制了完整的产品文件？ | 是 | 否 |
| 如果需要的话，是否已制定了产品的保证程序？ | 是 | 否 |
| 所有支持性服务是否已准备就绪？ | 是 | 否 |

### 沟通策略

| | | |
|---|---|---|
| 你是否利用了所有可能的宣传报道方式？ | 是 | 否 |
| 营销沟通是否适合最佳潜在客户的特征？ | 是 | 否 |
| 是否已经设计了直接与间接销售人员的促销沟通材料？ | 是 | 否 |
| 这些材料是否已经准备就绪？ | 是 | 否 |
| 是否获得了产品使用或利益的证明、案例分析或其他客户声明？ | 是 | 否 |

> **利益相关者**
>
> 是否已明确并通知所有利益相关者？　　　是　　否
>
> **上市期限与重大事件**
>
> 是否已将重要活动的期限列入重要活动计划图表？　是　否

## 上市实施：获取承诺和支持

有时候，我们会把产品发布看作上市的高潮，但其实这只是开始而已。上市实施需要将上市前计划（pre-launch plan）贯彻落实，如争取产品知名度、铺货和试购等，而这就需要培训与激励上市计划执行人员。

上市前需要采取的最重要的一项行动是确保产品已准备就绪以及内部和外部的所有辅助和沟通问题已经得到解决。另外，在产品发布时，还要检查并确保订货和支持系统已经到位。如果这些方面尚未准备就绪，就需要与销售管理、人力资源或其他负责培训的相关部门合作，确定并准备与上市有关的教育方案。

### 内部培训

企业已经认识到，新产品培训的对象除了销售人员之外，还应包括客户服务、技术支持和其他负责客户联系的人员。这些人员对新产品的成败有重要影响。虽然他们不需要深入了解销售方法方面的信息，但他们需要知道产品对企业的重要性、谁将为客户提供哪种支持以及如何回答可以预期的问题。

也就是说，如何有效地激励销售人员销售新产品，事关成败。许多新产品的销售培训存在一个问题，即培训更关注的是产品**能做什么**，而非如何给客户带来利益。

培训的目的是让现场销售人员做好销售新产品的准备，这当然需要了解新产品。培训的主要内容应促使销售人员关注客户而非内部问题。但为什么做不到这一点？这是因为产品经理长时间专注于产品开发，千方百计地创建与竞争对手不同的产品特色，迫不及待地要向销售人员展示产品的卓越性能。仅仅提供客户利益并不能解决这一问题，因为其真正关注的还是产品特色。新产品的产品培训与销售技能培训需要结合起来，不可偏废任何一方面。以产品为中心的培训如图9-1所示。

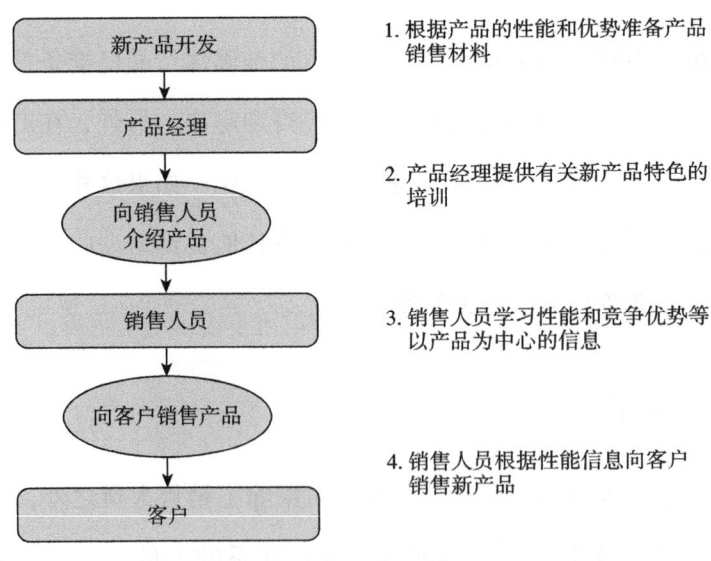

图9-1　避免产品展示型培训

如前所述，销售人员需要了解理想客户的特征。产品设计要改善或改变客户的什么现状？客户期望什么样的改善或改变？客户为什么期望这些改变？其迫切程度如何？他们会如何客观地评价你的产品是否确实能够提供期望的结果？

不幸的是，很多产品经理总想占领所有可能的或可以购买新产品的市场，试图通过产品的多种用途激发客户的购买热情。这种散射的方式没有把宝贵的资源集中在高回报的机会上，削弱了销售力量。如果销售人员从最佳的潜在客户着手，在取得了一些经验之后，销售收入就会迅速增加，销售人员也会更热情地投入产品的销售。

如果将培训的重点转向客户及客户的业务和需求上，就会提高销售人员的绩效。在培训过程中，应向销售人员提供内部信息、销售工具与辅销材料等新产品系列宣传资料，我们已在本章前面介绍过这些宣传资料。新的培训方式应类似于如图 9-2 所示的流程图。

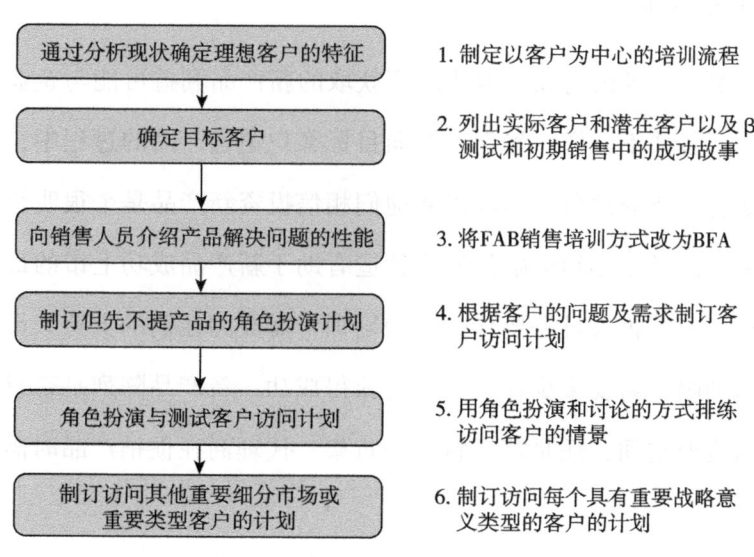

图 9-2 用需求中心型培训取代产品展示型培训

如图 9-2 所示，以需求为中心的培训方法是激励销售人员的首要步骤。然而，销售人员也需要了解上市销售管理的细节。他们销售新产品能得到额外的收入（奖金或更高的佣金）吗？这种高收入能维持多久？这对他们的销售定额有什么影响？如何追踪考核销售绩效？

> **思考要点**
>
> 能对新产品上市的内部培训进行哪些改善？
> ▶ 是否确定了所有需要培训的人员并使之得到了培训？
> ▶ 上市是否解决了教育销售人员"如何销售"的需求及销售管理的激励需求？
> ▶ 销售人员是否能够向客户清楚地展示产品优势？

### 渠道激励

分销商、经销商和其他代理商获取的新产品利益可能与企业内部利益相关者并不一样。然而，在向目标客户销售产品的过程中，他们都扮演着重要的角色。不仅需要他们相信投资新产品是个很明智的商业决策，而且还必须激励他们去营造有助于新产品成功上市的最佳环境。他们的销售人员需要什么样的培训？需要为他们的支持人员提供技术培训吗？需要多少存货？若要获得成功，新产品陈列是否只需要最小的货架空间，还是需要特定的货架？代理商在促销产品时需要帮助吗？

如果分销商相信销售新产品可以增加他们的收入或利润，或者如果相信新产品可以帮助他们提高业务效率，他们就会愿意推广新产品。他们必须相信产品很出色,并且你会予以全力支持。下面是一些可以用来激励渠道成员的工具。

**激励分销商的工具**

**1. 增加分销商的收入**

- 向终端客户进行广告宣传,以增加品牌"拉力"。
- 排斥性或选择性地提供临时性产品。
- 提供能够增加销售的购货协助。

**2. 增加分销商的利润**

- 暂时性地提高基本利润百分比。
- 提供推广新产品的折扣。
- 提供预付费用折扣。

**3. 提高分销商的业务效率**

- 提供业务培训(管理、存货、财务和营销技能等),改善分销商的营运效率。
- 提供资金,支持分销商参与其他销售技能培训。
- 将新产品直接配送(drop-ship)给分销商的客户。
- 向分销商提供有用的销售线索。
- 帮助重新包装产品以符合货架空间的限制。

**4. 降低分销商持有产品的风险**

- 免费或低成本提供初始产品培训。
- 提供客户认同产品的证据。
- 提供比平常更优惠的临时退货政策。
- 完成企业产品的预售(如通过广告、商业展览及其他沟通方式)。

> **思考要点**
> 在渠道关系方面，可以通过哪些改善措施来促进产品上市？
> ➤ 可以提供什么样的短期财务激励？
> ➤ 在培训、推销和促销支持方面，能提供哪些帮助？

## 客户接受

争取客户接受（主要通过试用的形式）是早期上市的直接目标。让客户接受的第一步是扩大知名度，这也是在营销沟通、销售培训和渠道激励等方面所做的前期努力的结果。下一步则是客户试用。

客户有各种不同的试用产品方式。对于单位利润较低的小型产品，如消费性包装产品等，可鼓励客户试用样品；大型产品则可能更适合采用其他试用形式。我们通常会把产品放在客户的某一业务部门进行测试，如可对某一设备进行限量生产运行；而对场所设施则可在一定时间内进行试用。允许客户试用样品，不必承诺用新产品更换所有现有产品，降低了客户的风险。还有些产品，如资本设备，则不能采取这种样品试用方式。在这种情况下，企业可进行"虚拟"试验，如试车或厂内测试等。例如，潜在客户可以试驾新的消防车或推土机；而印刷设备制造商则可让客户用新的印刷设备进行印刷来证明其性能。在其他情况下，可采用视频展示或参观β测试现场使用情况等方式。

客户也可能需要参加产品培训，在需要他们自己安装或修理产品时则更是如此。培训的重点是如何最佳地将产品与现有的运营整合到一起，如何处理生产流程上的差异以及如何减少转换到新产品的时间、成本和精力。客户培训形式多样，如产品购买时顺便进行指导（免费或收费）、召开教育研讨会（教育性白皮书）和只邀请管理人员参加的研讨会等。

> **思考要点**
>
> 如何提高客户试用新产品的可能性？
> ▶ 是否可让客户先试用样品而不需马上承诺购买产品？
> ▶ 什么样的培训活动可以提高客户对新产品的接受度？

### 早期业绩追踪

虽然新产品成功的最终衡量标准是销售业绩，但如果可以更早地确定潜在问题，就可以更好地采取纠正措施。这意味着你需要在销售业绩明确之前就要追踪了解相关的指标。例如，如果达成一笔交易平均需要进行四次客户访问的话，那么就需要监测针对新产品的客户访问次数。为了鼓励销售人员访问客户，可能有必要在初期（暂时地）对行动（如进行适当的客户访问）而非行动所产生的结果（销售额）进行激励。

放在零售商或分销商货架上的新产品可能也是需要追踪的指标。采购新产品的分销商（或零售商）所占的比例有多大？其中为新产品腾出了适当货架空间的比例又有多少？展示或陈列室的醒目度是否重要？在这些方面渠道成员的效率如何？

在明确销售业绩之前，可能还需要追踪的另一指标是新产品的知名度。衡量知名度需要进行客户调查，而调查有助于预测新产品未来的成功与否。有时候，对营销沟通计划与实际结果进行追踪比较，可能会形成潜在的纠正措施。实际发布了多少新闻稿？商业展览会上，产品展示的效果如何？广告按计划投放了吗？从媒体代表那儿获取的广告反应效果如何？

### 思考要点

如果进行追踪，哪些衡量指标有助于确定新产品成功的趋势，而无须等待销售结果？
▶ 适当的客户访问能否有助于预测未来的成功？
▶ 产品在渠道中的陈列位置是否与销售业绩有关？
▶ 知名度有何作用？

### 上市实施清单

**内部培训**

| | | |
|---|---|---|
| 所有相关员工是否都参与了新产品的培训？ | 是 | 否 |
| 销售培训是否教会了销售人员**了解**及**销售**产品？ | 是 | 否 |
| 销售培训是否更关注客户而非产品？ | 是 | 否 |
| 是否为销售人员制定了激励机制并与他们进行了沟通？ | 是 | 否 |
| 是否准备好了新产品销售的系列宣传资料？ | 是 | 否 |
| 是否为销售人员准备好了新产品的展示材料？ | 是 | 否 |

**渠道激励**

| | | |
|---|---|---|
| 是否为分销商/代理商提供了新产品的技术和销售培训？ | 是 | 否 |
| 是否制定了激励机制？ | 是 | 否 |
| 是否提供了购货协助与促销支持？ | 是 | 否 |
| 是否向代理商提供了证明产品潜力的证据？ | 是 | 否 |

**客户接受**

| | | |
|---|---|---|
| 是否用营销沟通来预售新产品并获得初始知名度？ | 是 | 否 |
| 是否向客户提供了新产品的试用机会？ | 是 | 否 |
| 是否向客户提供了其需要的产品培训？ | 是 | 否 |

**早期业绩追踪**

| | | |
|---|---|---|
| 是否明确了可用来帮助预测未来销售的指标？ | 是 | 否 |
| 是否制定了可以追踪这些指标的系统？ | 是 | 否 |
| 是否追踪比较了实际沟通结果和原定计划？ | 是 | 否 |

## 上市后追踪：尽早调整

产品上市后，还不能算是大功告成了，应该继续追踪新产品的成功与否，并制订必要的应变计划。这就是上市控制系统要做的事情。最后，还应对整个上市过程进行审计，这会有助于改善下一个重要新产品的开发。

通过上市控制系统，你可以通过追踪下列衡量指标来确定产品的成功与否：

- 销售量
- 回报率
- 折扣
- 客户接受度
- 竞争反应
- 服务电话
- 股东价值

产品经理必须：（1）决定哪些衡量指标可以最有效地确定潜在问题；（2）设计追踪系统；（3）确定追踪的频率。表 9-3 所示的信息可用来制订控制计划。

表 9-3 控制计划样本

| 潜在问题 | 追踪 | 应变计划 |
| --- | --- | --- |
| 销售人员无法按预定速度接触一般市场 | 追踪每周的客户访问报告。计划要求每位销售代表每周至少做 10 次一般性的客户访问 | 如实际情况持续 3 个星期低于这一水平，就需要召开为期 1 天的区域销售会议，采取补救措施 |
| 销售人员可能无法理解在一般性市场中如何应用产品的新特色 | 销售经理每天访问 1 位销售代表，并在 2 个月内完成对整个销售团队的访问 | 在与个别销售代表谈话时，给予当场澄清的机会，但如果访问前 10 位代表后发现了一个普遍性的问题，就必须召开电话会议，向整个销售队伍提出这一问题 |
| 潜在客户没有试购产品 | 向参加过销售说明会的潜在客户每周打 10 个电话。必须有 25% 的潜在客户同意产品的主要特色，其中又有 30% 会试购产品 | 补救计划：要求所有销售代表对潜在客户进行电话追踪，并为首次购买者提供 50% 的折扣 |

（续）

| 潜在问题 | 追踪 | 应变计划 |
|---|---|---|
| 购买者试购了，但后来没有大量订购 | 对试购客户进行系列电话调查。根据50%的试购者在6个月内至少重新订购10件产品进行销售预测 | 暂不制订补救计划。如果客户不再重购，就证明产品使用上有问题。因为产品有明显改善，所以我们必须了解客户在产品使用上的问题。可对关键客户进行实地访问，以查明问题所在，并确定合适的后续行动 |
| 主要竞争对手可能有相同的新特色（我们没有专利）产品准备上市 | 这种情况是无法追踪的。经常向供应商和媒体进行调查会有助于及时掌握详细情况 | 补救计划：全力以赴开展为期60天的推广促销活动。这是一个事关成败的方案。开始在销售现场仅销售新产品，再加上50%的首次购买折扣和发送2个特别的广告邮件。更密切地监控上面列出的其他追踪方式 |

资料来源：C.Merle Crawford, *New Products Management*, 4e(Burr Ridge, Ill.: Irwin, 1994) p.317.

有时候，调整营销战略可让新产品回归正常状态，如重新定位、重新包装、捆绑销售或分类定价、改变价格、确定新市场或新客户、改变销售渠道或与其他企业合作等。

在其他情况下，则必须调整产品战略，如调整产品、暂时退出市场、永久性放弃产品或出售产品专利等。

上市后的最后一项活动是评估整体产品开发过程。哪些阶段特别有效？项目团队面临哪些问题？为什么？我们学到的经验教训是否可用来改善未来的产品开发过程？

## 思考要点

在产品上市后可采取什么纠正行动？

▶ 是否建立了上市控制系统?

▶ 是否对新产品及开发过程进行了评估?

## 关键要素

▶ 在产品开发过程中,尽早准备上市。

▶ 检查上市前清单,确保没有疏忽任何重要事项。

▶ 获取组织其他成员的承诺和支持。

▶ 检查上市实施清单,确定是否还有需要解决的上市问题。

▶ 制订控制计划,帮助追踪上市过程。

▶ 检查上市后清单。

### 上市后清单

**产品开发过程问题**

| | | |
|---|---|---|
| 新产品是否如期上市? | 是 | 否 |
| 项目是否控制在预算内? | 是 | 否 |
| 是否所有重要期限与计划期限相符? | 是 | 否 |
| 是否制定了追踪系统来监控产品开发过程? | 是 | 否 |
| 是否已经制定了上市控制系统? | 是 | 否 |
| 现有程序是否可以用于未来的产品开发? | 是 | 否 |

**营销问题**

| | | |
|---|---|---|
| 客户是否如最初设想的那样使用产品? | 是 | 否 |
| 是否在上市初始阶段已经审查了所有销售发票? | 是 | 否 |

| | | |
|---|---|---|
| 是否所有价格、销售折扣和交易折扣是一致并可以接受的? | 是 | 否 |
| 产品是否已成功定位? | 是 | 否 |
| 在客户心目中的产品信息是否清晰? | 是 | 否 |
| 支持工具是否有效? | 是 | 否 |
| 是否对竞争反应进行监测并做出应对? | 是 | 否 |

**内部问题**

| | | |
|---|---|---|
| 对项目的规模来说资金是否充足? | 是 | 否 |
| 项目是否实现了投资回收期/投资报酬率的目标? | 是 | 否 |
| 产品是否实现了预期的销售目标? | 是 | 否 |
| 产品是否实现了第一季度/年度/长期的目标? | 是 | 否 |
| 是否对产品储存、盘点与运输进行了充分的规划? | 是 | 否 |
| 是否有充足的资源来进行订购、管理客户订购并有效地为客户开发票? | 是 | 否 |
| 产品的生产是否能够满足市场需求? | 是 | 否 |

# 第 10 章

# 定价框架与策略

> 在销售额和市场份额的竞争中,许多企业会选择价格这一武器。然而,其优势往往是短暂的,在运用价格武器时,管理者很少会对其长期影响与短期收益进行平衡……
>
> ——里德·霍尔登(Reed Holden)与托马斯·內格尔(Thomas Nagle)《定价战略与策略》(*The Strategy and Tactics of Pricing*)的著者[⊖]

产品经理发现,能否获取他们所创造的产品、服务和营销活动的价值,定价是其"关键时刻"。定价策略是财务与营销的界面,需要在成本管理与市场价值之间寻求平衡,也会受到企业定价姿态的影响。有些企业,如沃尔玛等,力求"天天低价"(EDLP),其产品价格就反映了这一策略;其他企业可能希望保持其价格领导者的高端定位,因此通常会用较高的定价来体现这一定位;还有一些企业则会定位在比竞争对手略低或略高的位置。

---

⊖ 参见战略定价集团(Strategic Pricing Group)网站:spgboston.com。

## 定价目的与目标

一般而言，产品经理应根据企业的价格定位与策略来制定产品的价格，这可能是定价的一个明确目标。不过，定价也可能还有很多其他目标，例如：

- 保持价格领导地位
- 保持天天低价的定位
- 阻止竞争对手
- 短期利益最大化
- 长期利益最大化
- 扩大市场份额
- 稳定市场
- 清除弱势产品
- 维持渠道成员的忠诚度
- 避免政府干预
- 创建客流量
- 提升企业或产品形象

从概念的内在关系看，我们应根据成本、客户及竞争状况（通常称为3C定价策略）来制定价格策略。产品或服务的成本是价格的下限。产品的实际成本是多少？正如我们在第5章中所讨论的那样，企业采取的变动成本、直接成本与固定成本分摊的计算方法会对列示成本产生重大影响。企业要长期经营下去，必须支付所有的成本。因此，企业要盈利，产品的平均价格就必须高于平均总成本（即完全单位成本，full unit cost）。这一完全单位成本就是长期定价的下限。

然而，很多定价决策都是短期行为。你是否应该根据竞争对手的行动来改变产品的价格？争取某一工作项目的竞标价格是多少？在这些情况下，产品的变动成本及工作的**增量成本**（incremental cost）就是定价的下限。请注意，成本下限并非给定或建议的最优价格，而是给定价格的最低点。（当然也有例外：如果产品变质或过时了，可能需要低于成本价格出售，但这只是为了出清存货，避免未来发生更多的费用。）要确定产品的实际价格，除了成本以外，我们还需要考虑很多其他因素。

产品给各种客户所提供的价值是定价中需要考虑的另一因素。这一价值是什么？是否对所有的客户都一样？会随时间而变化吗？产品服务的哪些方面或特色最有价值？你应如何确定（通过定价）各种不同的价值因素？这些价值是你可以设定的价格上限。

我们还要研究竞争产品的价格水平和竞争对手对你定价策略的反应。客户会根据竞争对手的价格来比较你的价格。因此，确定谁是客户、用来与你进行比较的竞争对手和你的相对定位，是很重要的。

除了要了解 3C 定价策略的概念，产品经理还要关注产品的具体定价。例如，如何为新产品和延伸产品线定价，决策时应该考虑哪些因素，等等。除此之外，他们还要应对以下问题：

- 确定补充服务或选项的价值
- 应对行业中的价格调降
- 改变价格
- 管理销售折扣

- 制订标准的折扣计划
- 应对全球定价问题

本章余下的内容将阐述产品定价策略及其政策、技巧和决策问题。

---

**思考要点**

所在企业在定价上采取什么"姿态"？

▶ 企业的伞形定价策略（umbrella pricing strategy）与我的产品有什么关系？

▶ 哪些目标或目的与我的产品相关？

▶ 如何改善我所在产品领域的成本管理？

▶ 我应该到哪里寻找与客户、竞争对手相关的定价决策的更详细信息？

---

## 新产品定价

新产品的估价可能需要几个月的时间。销售潜力大的产品，尤其是那些风险也高的产品，需要先进行正式的营销研究（参见第4章），然后制订并执行综合性的项目计划（参见第2章）。该项目包括研究竞争对手（评估其成本、定价政策或策略）和目标客户（确定他们对新产品的反应及在不同价位的购买意愿）。

研究新产品价格的难度会随产品"新颖"度而增加。只是延伸产品线的新产品，可以参考同一产品线的其他产品的定价历史情况。这些"模仿"产品可以先根据其模仿产品的价格情况进行估价。另外，对现有竞争产品有重大改进甚或突破的新产品，客户往往很难评定其货币价值，因而在产品定价时会面临更多的挑战。

对于可以与现有产品进行直接比较的新产品，产品经理一定要了解市场对价格—价值的感知。如果定价和客户目前可以接受的价格相差甚远，就要小心。产品定价远低于竞争产品，可能会引起客户对产品质量的怀疑，除非能明确展示其价值；而如果产品定价远高于竞争产品，同样可能会引起负面反应，除非其竞争优势非常明显。由于客户会参考现有产品的价格来评价新产品价格的合理性，产品经理也需要这样来定价。在现有产品参考价格的基础上，产品经理需要再加上或减去（客户心目中）异于竞争产品的特色和属性的货币价值。

全新产品的定价，则不能像产品线延伸产品那样，把参考竞争产品的定价作为起点。客户研究也会因此更困难些，但这也有个好处，即客户的感知不会受到现有竞争价格的限制。但不管怎么说，从参考价格开始进行定价分析还是很有用的。这一参考价格可以是最接近新产品或服务的其他方案或替代品的价格，也可以是提供同等功能的成本。

大多数新产品的定价过程是从听取专家意见开始的，突破性产品或工业产品则更是如此。我们会请了解行业的专家，如销售人员、营销人员、一般管理人员、主要利益相关者等，来提供其对**"价格—数量"**（price-volume）的最佳评估。通过小组讨论或德尔菲法不断修正评估，最终达成一致。获取的信息可以用作市场研究、实验和其他类似产品的历史价格数据分析。⊖

---

⊖ 定价研究详见罗伯特·多兰（Robert J. Dolan）和赫尔曼·西蒙（Hermann Simon）所著的《定价圣经》（*Power Pricing*）（纽约：自由出版社，1996年）一书，第3章有关价格评估回应的内容，对新产品定价进行了精彩的讨论分析。

虽然客户提供的新产品定价信息不一定都很可靠,但客户调查还是能提供一些有用的信息,尤其是客户慎重选购的工业产品领域。一般而言,最好不要问客户愿意为新产品支付什么价格,而应先提出不同的价位,然后再问客户在每个不同价位的购买可能性。为此,还需要向客户提供竞争产品的性能和价格信息,在进行购买决策时,他们可能会需要这些信息。实事求是地解释新产品可能会带来哪些不同的利益,再提供(比如说)三个不同的价位。然后提供从"绝对会购买"到"绝对不会购买"的五分制或七分制的评分量尺让客户选择。

> **思考要点**
>
> 上市新产品一般是什么类型的?
> ▶ 哪些专家(企业内部或外部的)能确定适当的价格?
> ▶ 客户会使用什么参考价格来评判新产品价格的公平性?
> ▶ 进行这一类型产品的购买决策时,客户一般会掌握哪些信息?

## 产品线延伸定价

产品经理必须经常为产品线推出新产品,如替代性产品(replacement)、变型产品(product variants)和互补性产品(complementary items)等。我们在前一节讨论过,虽然这些都是新产品,但其定价策略和产品线的其他产品相关。替代性产品是替代现有产品的产品。变型产品定位于特定的目标利基市场(如价格敏感型细分市场)或特殊用途。互补性产品是为了和现有产品共同使用。无论在何种情况下，某一产品的价格都可能会影响另一产品的销售，因此，在确定新产品的基本价格时，应统筹考虑其对整个产品线的影响及边际贡献，这至关重要。

如果替代性产品上市时，被替代产品刚好已经销售一空，那么替代产品的价格就不是主要问题。但实际上新老产品的更替衔接很难做到如此精确完美，而错误定价可能导致老产品的存货过时，或新产品上市初的销售缓慢，影响了其成功上市。因此，我们应该统筹考虑现有产品和替代产品的价格，并在上市计划中体现这一点，这是很重要的。我们可以考虑以下几个适当的策略：

- 新产品定价较高，鼓励价格敏感型客户购买老产品，而创新型客户则会选择新产品。老产品存货出净时，如有必要，可对替代产品重新定价。
- 通过不同的渠道，以不同的价格销售产品。
- 大幅降低老产品的价格以出清存货。
- 计算新老产品的利润贡献，确定采用哪种策略。

变型产品一般被认为与替代性产品不同。例如，不同大小、形状或特色的产品可能是为了适合某些特定的用途，而不同的用途可能会产生不同的价值，从而可能会影响产品的价格。与此类似，针对价格敏感性客户的产品，也有可能会特意放弃某些产品特色来降低价格。产品经理必须区别变型产品，通过不同的渠道销售变型产品、改变产品和包装的外观、采用不同的品牌名称等方法来体现价格的差异。

有些变型产品可用于竞争策略，最常见的是用来应对竞争对手的价格扩张策略。与其直接降价，不如向客户提供"竞争品牌"。典型的策略是将产品价格定位在现有产品和竞争产品之间，尽量争取竞争对手的销售量，当然，现有产品的销售量也会受到一定的影响。另一种策略是增加产品特色，但销售价格不变，因为客户为了获取更多的功能特色，常常会在价格上做出让步。

变型产品还可用做入门或高档延伸产品。入门产品是为了吸引新的客户，保持新客户的忠诚度，提高将来的销售量。高档延伸产品旨在为现有客户提供更好的产品。无论哪一种情况，产品经理都需要决定是否有必要采用不同的品牌，以明确和现有产品间的质量区别。

互补性产品可用来扩大源产品（source product）的销售规模。例如，剃须刀片是剃须刀的互补性产品。如果既有源产品又有互补性产品，企业定价的目的就是提高产品线的整体利润。很多企业选择降低源产品（如设备）的利润，以确保未来高利润互补性产品（如消耗品）的销售。如果两类产品都想扩大利润，或由不同的产品经理负责，那么这一策略的实施就会有一定的难度。

> **思考要点**
>
> 产品线延伸定价策略如何与同一产品线的其他产品统筹考虑？
> ▶ 用作竞争品牌、入门产品或其他产品方案的变型产品应该如何定价？
> ▶ 增加的产品特色应该如何定价？
> ▶ 互补性产品应与源产品捆绑并统一定价吗？

## 价格决策因素

还有其他一些因素会影响产品经理对产品或服务的合理定价，如产品的生命周期阶段、产品在不同时间或地点的价值（即时间和地点效用）及预期的市场反应等。

传统的产品生命周期分推出期、成长期、成熟期和衰退期几个阶段。如前所述，新产品的价格部分取决于其创新程度。如果竞争对手很难在短期内复制，那么创新产品就可以高价出售（即吸脂定价法，skimming policy）；而如果某一产品很容易被竞争对手复制，就不能采取相同策略。无论哪种情况，都应制定相对较高的价格，这样可在竞争对手进入市场时进行降价竞争。随着产品从成长期进入成熟期，其价位取决于市场对产品差异化的认知。到了衰退期，产品经理必须决定是采用大幅减价的策略进行清仓，还是用高价策略鼓励客户购买新的替代产品。

产品销售的时间和地点也会影响市场对价格的敏感性。根据客户购买的便利性和经验，在棒球场销售的热狗会比超市贵很多。会议座位和航班机位的售价会因提前购买的时间不同而有所差异。

不妨考虑一下你所在行业的市场期望。市场是否在期望价格稳定下降（或在价格不变的情况下持续改进产品）？然后再用这些信息来定价。

> **思考要点**
>
> 哪些因素会影响定价决策？
> ▶ 客户是否重视购买便利性？购买速度呢？购买担保又如何？
> ▶ 客户的价格敏感度是否因时间而异？
> ▶ 市场期望未来产品价格上升还是下降？

## 辅助性服务与选项定价

许多产品是与辅助性服务和选项捆绑在一起的，如技术问题的解决、培训、设备安装、维修、客户产品设计、物流管理等。和主要产品一样，这些服务和选项的价值可能会因客户而异，但产品经理一般会关注产品，而很大程度上忽视这些辅助性服务和选项。他们可能会向客户提供不需要的服务，而价格既不能反映其价值，也不能反映其成本。

为了促进产品销售，确实需要免费提供某些服务，但这往往是习惯性做法，而没有考虑是否必要和合适。哪些客户确实看重这些服务，愿意花钱购买？对这些客户而言，什么价位是可以接受的？你能否通过收取服务费来调整产品价格？根据不同客户对服务的价值评估，你能否收取不同价位的服务费用？

> **思考要点**
>
> 如何确定辅助性服务和选项的价格？
> ▶ 为了不失去这些服务，哪些客户愿意支付服务费用？他们愿意支付多少？
> ▶ 为了促进产品销售，是否应该免费提供服务，而不考虑其价值？

## 行业价格调降

行业中产品价格的下降可能有多种原因，如技术变化、竞争加剧、客户联合或行业成熟使产品日趋普通等。应对价格下降问题，需要先确定原因，并提出应对措施。否则，没有根据的降价只会引起价格战，使行业中的所有企业陷入困境。应对价格调降的策略有：

- 根据价格敏感度来细分市场，把价格敏感度低的客户作为目标市场（或向不同细分市场提供不同等级产品线，如把产品线分成"好—更好—最好"几个等级）
- 建立独立的渠道，保护高价位产品/品牌忠诚度
- 进行营销沟通，展示产品特色并证明产品的终身价值
- 重新包装产品以强化其价值
- 消除成本大于客户利益的特色
- 和客户建立长期合约关系（明确质量、定制化等），减少客户因为价格因素转向竞争对手的概率
- 建立累计回馈机制（忠诚度计划）
- 确定产品新的市场或用途
- 鼓励客户升级使用利润更高的产品

**思考要点**

如何应对价格压力，而又不会引发价格战？

➤ 可在哪些方面增加现在不存在（或看不见）的价值？

➤ 是否可以通过改变分销渠道、产品包装或捆绑组合等方式对产品进行重新定位，从而阻止价格下降？

## 价格变动

由于担心业务流失，产品经理往往不敢果断提价。但在很多情况下，提价是必要的。有助于提价的策略有：

- 在提价的同时增加价值（如改变服务或产品）
- 把主要产品和额外服务组合在一起
- 和其他企业创建共同市场或共同品牌，进行差异化定位
- 展示未来交易产生的长期价值
- 除了产品之外，还要为企业进行差异化定位

虽然降价比较容易操作，但仍有一定的风险。降价会让客户怀疑产品质量是否也下降了，甚至更糟的是，会怀疑你过去是否用高价"剥削"了他们。因此，降价要谨慎。

> **思考要点**
>
> 采取什么措施会降低价格变动的难度？
> ▶ 在成本最低的情况下，可以增加、消除、改变哪些服务或产品特色？
> ▶ 如何从客户的角度来确定价格的变动？

## 销售折扣

价格折扣会对利润产生重大影响。麦肯锡在一项研究中发现，位列标准普尔的1 000家企业，在其他情况不变的情况下，平均而言，

1%的价格变动会引起近12%的利润变动。[1]其实，一定百分比的价格变动，对利润的影响远大于同一百分比的销售量、变动成本或固定成本变动的影响。虽然价格变化对利润的影响百分比会因企业盈利状况的不同而异，但表10-1仍可以反映出与其他情况的相对差异：

表 10-1 （单位：美元）

|  | 原始数据 | 价格提高1% | 销量提高1% | 产品销售成本减少1% | 固定成本减少1% |
|---|---|---|---|---|---|
| 销售收入（5 000×200） | 1 000 000 | 1 010 000 | 1 010 000 | 1 000 000 | 1 000 000 |
| 产品销售成本（5 000×110） | 550 000 | 550 000 | 555 500 | 544 500 | 550 000 |
| 毛利 | 450 000 | 460 000 | 454 500 | 455 500 | 450 000 |
| 营运成本 | 350 000 | 350 000 | 350 000 | 350 000 | 346 500 |
| 税前净利 | 100 000 | 110 000 | 104 500 | 105 500 | 103 500 |
| 净利润变动百分比 |  | 10% | 4.5% | 5.5% | 3.5% |

为了促进销售，很多企业授予销售人员很大的价格折扣权限。一些企业向客户报价之前，会设定折扣范围或最低价格，如果超出这个范围则需要得到产品经理的同意。除了以上这些折扣政策，以下是一些减少折扣过度问题的策略：

- （采用类似表10-1所示的比较信息）让销售人员理解折扣造成的财务影响。
- 根据销售价格或利润，为销售人员建立定额和激励机制。
- 提供销售材料和相关培训，克服价格问题。

---

[1] 莎拉·洛奇（Sarah Lorge）的《价格危机》（The Crisis with Prices）一文，发表于《销售和营销管理》（Sales and Marketing Management）杂志，1997年8月，第26页。

> **思考要点**
>
> 销售折扣是否在可以接受的范围之内?
> ▶ 为了鼓励销售人员减少折扣,可以采取哪些变革措施?
> ▶ 可以提供哪些销售支持来帮助销售人员根据价值而非价格来推销产品?

## 全球定价

随着产品经理把产品销往国外或客户日趋全球化,定价问题显得更为复杂。虽然这一问题并没有简单的答案,但有些因素表明价格应随市场而变化,而有些因素则表明价格应尽量全球一致。如果不同地区的竞争程度、客户期望和成本相差很大,可能就有必要制定不同的价格。同样,如果汇率、税率和关税不同,也可能需要向客户收取各种不同的费用。另外,自由贸易协定、高效的分销渠道和沟通网络(如因特网)可能会让客户期待一致的价格。在寻求最佳的全球定价方法时,需要对这些因素进行仔细权衡。如果要对全球定价有更全面和详细的了解,我建议产品经理阅读罗伯特·多兰(Robert J·Dolan)和赫尔曼·西蒙(Hermann Simon)写的《定价圣经》(*Power Pricing*)一书,重点是该书第6章。[⊖]

---

[⊖] 罗伯特·多兰(Robert J·Dolan)和赫尔曼·西蒙(Hermann Simon)合著的《定价圣经》(*Power Pricing*),第6章。

## 思考要点

如何改进全球化产品的定价策略?

▶ 哪些因素表明应该根据不同市场制定不同的价格?

▶ 哪些因素表明应该制定统一价格(或限定价格变动范围)?

▶ 哪个是主导因素?

## 关键要素

▶ 将产品线定价和企业的"伞形"定价策略相结合。

▶ 确定客户会用来评价新产品价格是否合理的参考价格。

▶ 在给新产品定价时,应统筹考虑同一产品线的其他相关产品。

▶ 评估辅助性服务的价值,确定其应该定价还是免费提供。

▶ 运用创造性方式处理价格调降,避免价格战。

▶ 制订价格与相关产品一起变化的计划。

▶ 设定销售折扣范围。

▶ 全球定价时,要仔细权衡定制化定价和一致化定价。

---

### 定价清单

**定价目的与目标**

| | | |
|---|---|---|
| 你是否确定了本企业的价格定位或策略? | 是 | 否 |
| 你是否在价格评估时考虑了"3C"? | 是 | 否 |
| 你是否掌握了定价决策所需的真实成本信息? | 是 | 否 |
| 你是否掌握了有关客户价格敏感性的信息? | 是 | 否 |

你是否掌握了有关竞争产品价格定位的信息？　　　是　　否

## 新产品定价

你是否确定了客户会用来评估新产品价格的竞争
产品的参考价格？　　　　　　　　　　　　　是　　否

你是否能用类似产品的历史价格数据来预估新产品
的未来价格走向？　　　　　　　　　　　　　是　　否

## 产品线延伸定价

你是否已将产品线划分为替代性产品、变型产品和
互补性产品？　　　　　　　　　　　　　　　是　　否

你是否在上市计划中统筹评估了现有产品和替代
产品的价格？　　　　　　　　　　　　　　　是　　否

为了明确与产品线其他产品的区别，你是否为变型
产品制订了不同的营销方案？　　　　　　　　是　　否

为了提高总体利润，你是否会对源产品和互补性
产品进行统筹定价？　　　　　　　　　　　　是　　否

## 价格决策因素

定价时是否考虑了产品所处的生命周期阶段？　是　　否

你是否确定并在定价时考虑了时间价值和地点效用？

　　　　　　　　　　　　　　　　　　　　　是　　否

# 第 10 章 定价框架与策略

### 辅助性服务与选项定价

你能知道客户是否会为了得到这些服务而愿意支付费用吗？　　是　否

你是否评估过客户愿意为这些服务支付多少费用？　　是　否

### 行业价格调降

你是否考虑过避免价格战的所有方法？　　是　否

在降低价格之前，你是否尝试了其他创造性的营销策略？　　是　否

### 价格变动

你是否制订了产品服务与价格协同变化的计划？　　是　否

客户是否希望提前知道价格变化？　　是　否

### 销售折扣

销售人员是否真正了解折扣对财务的影响？　　是　否

你是否为销售人员提供了培训和支持材料，帮助他们克服价格问题？　　是　否

### 全球定价

客户和市场情况是否支持区域性定价？　　是　否

客户和市场情况是否支持全球性定价？　　是　否

# 第 11 章

# 整合营销沟通

> 真正的产品或品牌价值只能存在于现有或潜在客户的头脑中。所有其他的营销变量，如产品设计、定价、分销和普及性等都可以被竞争对手复制、仿效或超越。只有存在于现有或潜在客户心目中的认知，才是营销价值的真正决定因素。
>
> ——《整合营销传播》合著者唐·舒尔茨（Don E.Schultz）、
> 斯坦利·坦纳鲍姆（Stanley I.Tannenbaum）
> 与罗伯特·劳特伯恩（Robert F.Lauterborn）[1]

营销沟通的主要目的是与客户沟通整体营销方案的价值，并促进方案的有效实施。这一目的可通过改变态度、增加销售或建立价格—价值建议来加以实现。产品经理在这些方面的职责会因所在企业的不同而异。有些产品经理可能需要撰写广告文案并和媒体打交道，有些

---

[1] 唐·舒尔茨、斯坦利·坦纳鲍姆与罗伯特·劳特伯恩合著的《整合营销传播》（纽约：麦格劳–希尔出版公司，1993 年）一书，第 45 页。

产品经理则将这些任务交给广告代理商或内部沟通部门。无论直接介入的程度如何，产品经理都应该是与其产品和服务相关的所有营销沟通活动的**整合者**。产品经理必须知道其负责领域的产品和服务的品牌资产和定位，协调解决特定问题所需的沟通任务，并能正确评价相关的推广计划和活动。

## 营销沟通

图 11-1 展示了围绕营销沟通的"4C"：企业资源和计划（corporate assets and plans）、竞争对手（competition）、客户（customer）、商业机会（commerce-enabling opportunities）。**企业资源**是指内部优势、资产和技能，这是向市场推出有竞争力产品的基础。你的产品能提供哪些特色和利益？还有哪些额外的服务和关系可以建立在企业优势的基础上（参考第 6 章有关产品整体解决方案的内容）？营销计划是确定营销沟通方向时要考虑的另一内部因素。然后，还要把你的优势与**竞争对手**的优势及其明显策略进行分析比较，找出产品或品牌优于竞争对手的定位机会。当然，这么做的时候，需要始终站在客户的角度进行思考。即使发现自己的产品在某方面比竞争对手好，你还必须不断扪心自问：是否有人会在意这一优势。客户是"4C"中的"1C"，决定了你想争取和维持的目标，这也可能是整体营销计划的一部分。最后，需要分析可以接触到目标客户的外部途径，也就是**商业机会**。是否有可以利用的新的商业展览、活动或客户邮寄名单？你是否充分利用了电子媒体？你是否确定了合适的接触渠道、频率和广告创意，不会浪

# 第 11 章
## 整合营销沟通

费媒体费用？

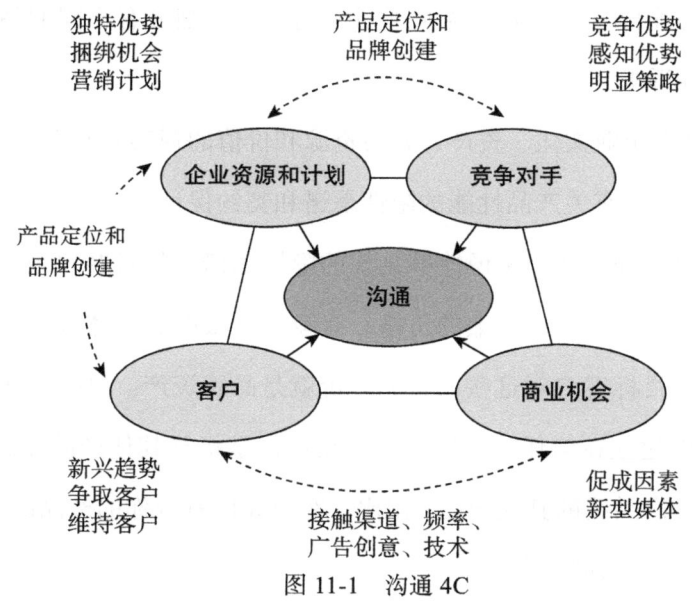

图 11-1　沟通 4C

企业提及"营销"产品时，通常指的是销售（销售人员的成果）或进行广告宣传（营销沟通的成果）。产品经理不仅需要参与营销的这两个方面活动，还要参与营销与营销沟通的整个过程。产品及相关服务必须和定价策略、分销策略及所有沟通信息整合到一起。因此，大部分产品经理都需要确定：①简洁明确的产品定位（品牌资产）、目标客户特征和产品主要利益的说明；②整合沟通和产品营销计划以完成既定目标的策略；③销售支持材料，例如产品规格表和服务性能表等。产品经理也可能需要参与其他辅助性沟通活动，如商业展览、销售演讲及公关活动等。

## 品牌资产和定位

强势品牌是企业或产品在客户心目中的概括印象，包括如下：

- 差异化策略和市场细分策略的一部分（如同我们在第 6 章提到过的那样，丰田和雷克萨斯对不同的市场细分有不同的品牌形象和诉求）
- 建立在企业文化、资产、人力资源和价值的现实基础上
- 是对客户有关产品性能的隐性承诺和契约保证

品牌是一种对客户来说能够兑现的隐性承诺，如对客户服务、产品特色、卓越的质量、低廉的价格、有趣又刺激的心理体验或其他利益的承诺。目标客户对这些因素的评价就是品牌资产。这一层次的品牌资产只能建立在信任的基础上。产品定位是指与其他产品（如竞争产品或同一产品线的其他产品）相比，客户如何看待你的产品的价值。

请你思考一下下列问题：

- 你的产品（或品牌）识别是什么？
- 这一识别对客户有何价值（品牌资产）？
- 和其他竞争品牌相比，目标客户对你的品牌感受如何（品牌定位）？
- 客户对你品牌的看法是你想要的吗？是否和你的目标一致？

在宣传某一特定品牌定位之前，产品经理必须确定他们的承诺是否确实能够传递给客户。这就意味着品牌必须和企业的能力、使命、愿景和价值相一致。如图 11-2 内圈所示，这些是品牌背后的**组织驱动力**（organization drivers）。例如，如果品牌识别中有一部分是卓越的客户服务，那么企业必须要有训练有素并充满激情的客户服务代表来提供这种水平的服务。如果品牌形象是创新，企业就必须要有创新的文化和强有力的研发部门的支持。

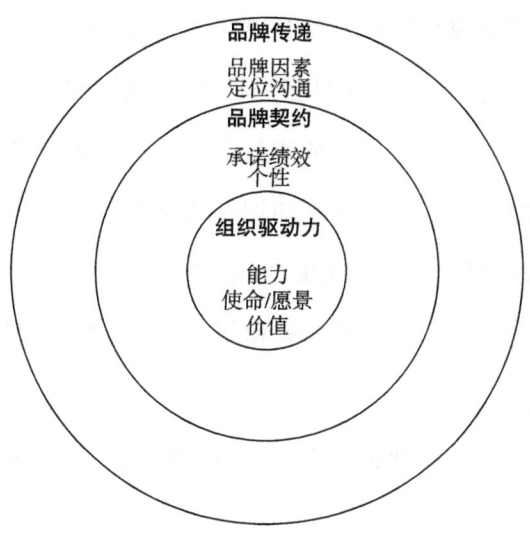

图 11-2　品牌发展因素

明确了组织驱动力，品牌发展的下一个层次是确定**品牌契约**（brand contract）（如图 11-2 中圈所示）。需要确定客户相信你做出了哪些承诺（例如，快速交货），将其转换为产品的绩效标准（例如，所有订单在 48 小时内交运）。同时，还需要思考品牌个性的细微差别。你的品牌有趣吗？刺激吗？可靠吗？还是保守？例如，沃尔沃汽车会让人联想到安全，因而具有更保守的个性。

接下来还必须把品牌（承诺、绩效、个性）**传递**（convey）给客户，如图 11-2 外圈所示。美国迪安食品公司（Dean Foods）推出 Milk Chug® 的目的是吸引年轻消费者。公司意识到需要和其他饮料竞争才能成功，因此，公司设计了不同尺寸的独特包装（一种可重复封口的塑料瓶，形状像旧式的牛奶瓶），并推出了各种口味来吸引客户。品牌名称和包装都传递了"有趣"这一个性，和竞争对手相比，产品本身（牛奶）又提供了另一种健康的新选择。我们不妨来为该品牌写一个定位说明。该说明必须指出，客户在购买这一产品时可能会考虑的竞争产品或其他选择（即竞争性参考框架），我们的产品与竞争产品之间能够区分的差异、特色、服务或其他能证明企业承诺可以传递给客户独特价值的能力，等等。这些知识有助于未来撰写和评估营销沟通信息。我们可以这样来撰写 Milk Chug® 的定位说明：

对<u>年轻市场来说</u>，由于其内涵和创新包装，<u>Milk Chug®</u> 是一个<u>既富营养又有趣的</u>

| 确定目标市场 | 独特能力 | 品牌名称 | 差异性 |

<u>饮料</u>品牌。

竞争性参考框架

我们接下来评估品牌元素。品牌元素包括（但不限于）商标元素，例如：

- 品牌名称
- 标志
- 符号
- 字体
- 标语
- 广告歌曲
- 包装
- 声音

这些品牌元素容易记忆、有意义（如对产品承诺的描述）、可（通过媒体和市场）传递、有灵活性并能（通过法律途径）得到保护？⊖

---

⊖ 有关利用品牌元素建立品牌资产的讨论，详见凯文·莱恩·凯勒（Kevin Lane Keller）的《战略品牌管理》（1998 年）(*Strategic Brand Management:Building, Measuring,and Managing Brand Equity*)。

现在，你已做好了准备，可将品牌创建活动整合到营销沟通方案中了。如果营销沟通和以前的强势品牌形象不一致，企业就必须十分小心。例如，几年前，为了促进旗舰品牌的销售，可口可乐发起了一场"激进"的广告宣传活动。与其"温暖又柔软"式传统广告不同的是，新广告讲的是，在家庭团聚时因为没有可口可乐，一位老奶奶发怒的情景；另一则广告讲的是，在中学毕业时，两位好朋友因没有可口可乐而吵架。消费者和瓶装厂都抱怨这一系列广告"气度太小"，所以很快就停播了。⊖ 从销售渠道到所有客户联系，从企业文具信笺到广告、邮件，都应和品牌形象相契合。请用表11-1所列清单来评价品牌沟通。

表11-1 品牌沟通清单

| 品牌沟通 | 是 | 否 |
| --- | --- | --- |
| 与特定的目标客户（内部或外部）沟通 | | |
| 将企业品牌与竞争品牌明确区分开来 | | |
| 强化客户的正面体验 | | |
| 协调整合所有相关媒体 | | |
| 感性和理性相结合 | | |
| 和整个价值链保持一致 | | |
| 清晰阐述令人印象深刻又极具说服力的品牌承诺 | | |
| 建立品牌承诺的信心和信任感 | | |
| 建立共同品牌（如果合适） | | |
| 在一致性和灵活性之间保持平衡 | | |

---

⊖ 参见贝奇·麦凯（Betsy McKay）和苏珊娜·佛拉尼卡（Suzanne Vranica）在《华尔街日报》上发表的《观众如何看可口可乐的一则失败广告》（How a Coke Ad Campaign Fell Flat with Viewers），2001年3月19日。

> **思考要点**
> 
> 产品或品牌对客户做了什么隐性承诺？
> ▶ 如何保证这些承诺能够得到履行？
> ▶ 客户怎样看待我的品牌和竞争品牌？
> ▶ 品牌个性是什么？
> ▶ 标志和其他品牌元素是否传递了我期望的品牌形象？

## 整合营销传播

正如前所述，营销传播的一个重要目的是，向客户传达整体营销方案所创造的价值，并提高营销的效果。对产品经理而言，这意味着需要做几件事情。首先，为了完成产品的营销计划目标，产品经理必须确定营销传播方案的总体方向。一旦制订了计划，产品经理就需要与其他负责推广的部门或代理机构合作，并监控项目方案的实施效果。他们参与制订营销传播项目方案的具体事项如下：

- 确定实现营销计划目标的行动策略；
- 量化目标；
- 仔细定义目标客户；
- 站在客户角度考虑问题；
- 建立创新平台；
- 制定媒体整合策略和进度表；
- 设定媒体和策略目标；

- 编制可接受的预算；
- 和代理机构或同事共同执行计划；
- 评估结果。

### 确定实现营销计划目标的行动策略

应该先回顾营销计划确定的目标（参见第 3 章有关目的与目标的阐述）。例如，你的"伞形"营销目标是增加组合产品在选定市场的销售额吗？如果是这样，什么样的传播活动有助于实现这一目标？所选的每个市场有何特征？你会和终端用户直接接触（拉式策略），还是通过分销渠道与其间接接触（推式策略）？和单项产品及竞争产品相比，组合产品有何竞争优势？你是否试图通过传播方案来增进客户对产品的了解、偏好或购买？你的目标是不是促使潜在客户试用组合产品（以提高未来购买的可能性）？

### 量化目标

一旦确定了实现目标的行动策略，然后就需要量化这些目标。例如，"在第一季度，在所选潜在客户中，争取有 25% 试用产品"。

### 定义目标客户

使用反映心理特征及人口统计特征的变量来定义目标客户。**心理特征描述**（如态度、观念和生活方式等）有助于撰写传播信息。**人口统计特征描述**（如行业分类系统、职位、地域、年龄和收入等）则有助于媒体选择。有时候，产品会有多种不同的目标客户，这就需要使用不同的传播信息或媒体。例如，同样是车库门，承包商可能有一种需求（如为了完成工作），屋主则可能会有不同的需求（如安装简便），而建筑师可能还有其他需求（如建筑设计的美观要求）。此外，对很多产品来说，尤其是针对企业用户的产品，使用者可能并不是购买者或影响者，而且他们对某一特定产品的需求原因也不同。产品经理必须确定哪一群体完成整个目标最重要、对不同的受众是否需要采取不同的沟通策略。

### 站在客户角度考虑问题

站在目标客户的角度考虑问题，确实需要设身处地为其着想。为什么客户在这时候需要这一产品？他们对于购买产品有什么看法？他们可能有哪些不同意见？你的产品对他们有风险吗？他们还会考虑哪些其他方案？你的产品非常适合他们的要求或用途吗？他们通过哪些渠道寻求决策建议？为什么客户会相信你的产品比竞争产品更能满足需求？现在，客户如何购买产品（或满足要求）？切记客户想要知道的是什么。

- 你的产品（服务）能为我做什么？
- 如何做到？
- 为什么比竞争产品更好？
- 谁这么说？
- 如果我不满意该怎么办？

### 建立创新平台

一旦了解你确定的目标客户的看法，就可用这些信息来为产品或服务建立创新平台。在这一创新过程中需要考虑一些客观因素，这就需要慎重回答以下重要问题：

- 你想接触的是谁？请予明确。
- 你要传播的主要信息是什么？
- 他们为什么会在乎？
- 他们为什么会相信你？你的竞争优势明显吗？
- 在沟通后，他们会怎么做或怎么想？

### 创新平台

▶ 市场特征

▶ 描述你要传播的"人"

▶ 信息要点

▶ 最重要的观点是什么（用一个词表示）

▶ 对受众的预期影响

▶ 对方会怎么想？怎么做？为什么会在意

▶ 证明陈述观点

▶ 提供让人信服的理由

### 制定媒体整合策略和进度表

下一步是确定如何与客户沟通产品定位。哪些媒体和媒体工具的受众特征最符合目标市场人口统计特征，并与非目标市场的接触最少？若使用这些媒体，能接触到多少百分比的客户（即媒体方案的接触面是多少）？为了达成目标，需要以什么频率与客户接触（频率是多少）？是在客户心目中持续地建立产品形象比较好（持续性策略），还是投入资源，在短期内集中信息，对市场造成强烈的冲击（冲击式策略，flighting）？例如，若预算允许一个月做两次广告，而你觉得那样不能产生强烈影响，就可将广告集中起来（可能是每两个月播放四次广告），通过冲击式的广告活动（flighting campaign）来产生更大的影响。将每一次广告时间写在日历上，就可直观地看到频率或持续性。要全面观察有潜力的客户接触方式，这样就不会错过新兴媒体或非传统的客户接触方式。例如，如果目标是鼓励潜在客户试用产品，那么不妨考虑以下方式：

- 改变渠道策略，在潜在客户购买的场所展示产品。
- 建立直邮广告活动将新渠道（或是你的网站（如果客户可以直接网购））通知客户。
- 在目标媒体上做广告。
- 参加针对特定细分市场的新型商业展览。
- 修改包装吸引潜在客户。
- 开展竞赛活动，鼓励客户试用。
- 开放参观，展示产品。
- 向协会成员提供样品。
- 发布新闻稿、宣布新产品上市、派送免费（或低价）样品等。

### 设定媒体和策略目标

除了整体宣传目标，还需要设立特定媒体或策略的子目标。例如，若采用直接回应来进行沟通，就可设立具体的回应率或销售线索的目标。对活动而言，可设立接触新客户和加入数据库的客户姓名数量方面的目标；对宣传报道而言，可设立发布新闻稿数量方面的目标；对竞赛活动而言，可设立短期营业额增长幅度方面的目标。

**编制预算**

编制营销传播的预算有多种方法。许多企业用预估销售额的某一百分比作为预算目标。这一比例因行业不同而有显著差异。《广告时代》（*Advertising Age*）杂志每年都会公布全美主要广告客户的广告支出费用，还包括每 1 美元广告支出所产生的预估销售收入。如果把这一比率倒过来，即广告支出除以销售收入金额，就会得到广告支出占销售收入的比例的估计值。例如，在 2001 年，每 1 美元的广告支出所产生的收入范围是 3.70 美元（欧莱雅和雅诗兰黛）到 318.00 美元（沃尔玛）。因此，广告支出占销售收入的百分比高达 27%，而低则不到 1%。在确定本企业的广告预算时，了解相关行业的企业花在广告上的销售收入比例，可让你掌握更多的参考数据。

产品经理也可用"目标—任务法"来编制预算。在用这种方法时，产品经理需要先确定应该如何实现营销传播计划目标，然后再估计相关任务和活动所需的成本支出。例如，若过去经验表明，在直邮广告活动后，会有 2% 的客户购买产品，而你的目标是售出 500 件，因此，你需要寄出 25 000 封广告邮件。印刷、邮费、人工费等就是这一活动的预算。若你的目标是要销售人员获取 300 条有效的销售线索，而经验表明，至少需要接触潜在客户 3 次，才能获得 1 条有效的销售线索，因此，你需要估算实现这一目标所需要的接触面、频率及相应成本。若你的目标是产生特定的销售收入，你就要先确定每一线索所产生的平均销售额，然后再确定产生这一总收入所需要的销售线索数量。

## 执行计划

在制订了计划以后，产品经理就需要和内部相关部门或广告商一起来执行计划。在大多数情况下，这就需要监控营销传播方案的进展及其质量。在评估其他人（或自己）的创新工作时，可以先参照前面所提到的创新平台，以确保计划中的问题都得到考虑。然后，再来考虑以下几个问题：

- 是否对客户有承诺或利益？
- 是否通过了"那又怎样"的测试？
- 对目标市场来说，是否相关或令人相信？能持续多久？
- 是否与其他传播活动一致（整合）？
- 是否与期望的品牌资产及定位一致？

在评价媒体计划时，需要考虑以下问题：

- 传播信息有多少潜在受众？
- 要对他们产生影响，他们看到信息的频率应该是多少？
- 与传播信息、市场、目标相关的各种不同媒体的优缺点分别是什么？
- 在预算范围内，你是否获取了最佳的接触面和接触频率？

## 评估结果

最后，在营销传播活动的过程中和完成后，需要评估传播过程。

可先进行微观评估，评估某一沟通工具是否实现了其目标。在直邮广告活动中，你是否获得了期望的询价或销售线索数量？在公开展示活动中，你是否获得了期望的人数？你发布新闻稿的比例是否能让人接受？在商业期刊中，你是否获得了令人满意的读者数量？在网站上，你是否获得了预期的注册人数？除这些微观评估之外，你还应评估整个活动是否有助于实现整个（宏观）沟通目标。

> **思考要点**
>
> 在计划及监控整个营销传播活动时，做得如何？
> ➤ 在设定目标时可以取得哪些改进？
> ➤ 有没有创建有效的创新平台并确定目标客户特征？
> ➤ 监控执行计划可以采取哪些方法？

## 销售支持材料

产品经理经常需要为销售人员编制辅销材料（我们将在第12章讨论销售渠道的辅销材料）。这就需要产品经理了解销售过程，以及销售人员如何用这些材料来促进销售访问。传统的销售过程包括：

- 计划
- 建立信任
- 满足要求
- 用解决方案说服潜在客户

在计划阶段，产品经理可以在这些方面帮助销售人员：确定产品的最佳目标市场、提供有力的销售线索、用心理特征及人口统计变量来描述目标市场等。通过提供印刷资料能够建立信任和传播强势品牌形象，从而帮助销售人员获取并提高客户的信任；通过企业广告及公共关系活动也可以增加信任。产品经理可以通过提供相关问题来帮助销售人员鉴别适合及不适合产品的客户。要让客户相信"你的产品是最好的解决方案"，需要说服购买者、使用者和影响者，而这就需要准备各种不同类型的辅销材料。

> **思考要点**
>
> 我该如何使用辅销材料来帮助销售人员改进销售访问？
> ➤ 在销售过程的每一阶段，如何帮助销售人员？
> ➤ 在与销售人员的沟通中，还有哪些值得改进之处？

## 辅助性沟通活动

有一些活动可以补充改进产品经理的传播效果，例如：

- 开放参观
- 工厂参观
- 技术研讨会
- 新闻发布会
- 有目的性的长时间电视节目
- 邀请名人出场

- 远程广播
- 奠基仪式
- 体育活动
- 音乐会
- 讲座
- 竞赛
- 节日
- 颁奖典礼

在计划活动时，需要考虑对整合营销传播活动有何帮助。确保能够提高、强化或维持产品或企业的品牌资产。如何充分利用活动预算，还有一些措施值得考虑：⊖

- 利用有影响力的活动
- 共同赞助
- 与提供互补性产品或服务的其他企业分摊费用

**思考要点**

哪些活动可以提高营销传播效果？

▶ 有什么活动是其他行业已经行之有效但我还没有尝试过的？

▶ 有没有可与其他企业分摊活动费用的方法？

---

⊖ 有关制定促销目标和计划方面的详细讨论，可参见罗曼 G 西宾（Roman G. Hiebing, Jr.）和斯科特·库珀（Scott W.Cooper）所著的《如何撰写成功的营销计划》（*How to Write a Successful Marketing Plan*）一书（芝加哥 NTC 商业图书出版公司，1997）。

## 关键要素

▶ 在开始营销传播活动之前，定义你的品牌形象（认知）、品牌资产以及产品定位。

▶ 确定客户对你的认知是你所期待的还是想改变的。

▶ 撰写定位说明，阐明你的竞争差异性，并说明为什么是"真实的"。

▶ 遵循10步骤的整合营销传播流程。

▶ 编制辅销材料，帮助销售人员改进销售访问。

▶ 创造性地探索有利于营销传播的公共关系活动。

### 市场传播清单

**品牌资产及定位**

| | | |
|---|---|---|
| 你是否定义了品牌识别？ | 是 | 否 |
| 你是否确定了这一品牌识别对客户的价值（品牌资产）？ | 是 | 否 |
| 品牌传播活动是否能够把你的品牌与竞争品牌明显区别开来？ | 是 | 否 |
| 品牌传播活动是否明确表达了容易记忆且令人信服的品牌承诺？ | 是 | 否 |
| 品牌传播活动是否和其他营销传播措施整合起来了？ | 是 | 否 |

## 第 11 章 整合营销沟通

### 整合营销传播

| | | |
|---|---|---|
| 你是否确定了实现营销目标所需的行动策略？ | 是 | 否 |
| 你是否量化了目标？ | 是 | 否 |
| 你是否运用了心理特征及人口统计变量来描绘目标客户？ | 是 | 否 |
| 你是否知道客户期望从产品那里得到什么？ | 是 | 否 |
| 你是否建立了创新平台？ | 是 | 否 |
| 媒体计划是否提供了达成目标所需的接触面、频率及持续性？ | 是 | 否 |
| 你是否编制了相关的预算？ | 是 | 否 |
| 你是否能够控制营销执行阶段？ | 是 | 否 |
| 你是否确定了采用什么方法来评估结果？ | 是 | 否 |

### 销售支持材料

| | | |
|---|---|---|
| 你是否根据对销售人员的典型销售访问的了解来编制辅销材料？ | 是 | 否 |
| 销售人员在使用辅销材料时是否有一定的灵活性？ | 是 | 否 |

### 辅助性传播活动

| | | |
|---|---|---|
| 你是否在计划中考虑了公共关系活动？ | 是 | 否 |
| 这些活动是否与营销传播及品牌信息一致？ | 是 | 否 |
| 你是否寻找到了分摊这些活动费用的方法？ | 是 | 否 |

# 第 12 章

# 渠 道 策 略

> 如果不密切关注,可能就会疏忽某项重大趋势。技术、人口统计特征和竞争力量的综合作用,已经改变了分销商所面对的市场。新渠道所占的市场份额越来越高,而对传统的批发型分销商而言,剩余的市场也已发生了变化。
>
> ——渠道营销团体主管尼尔·吉莱斯皮(Neil Gillespie)[⊖]

如果产品或服务要在市场上取得成功,就必须方便客户购买和使用。这些方法称为**渠道策略**。银行在杂货店开设分行,现在又提供电话和网络账户。一些工业企业将传统渠道扩大到大型零售商场,以便接触到新客户或为已有客户提供更多选择。还有其他一些基本营销变化可能会影响产品的销售,如:[⊖]

---

⊖ 引自渠道营销团体(Channel Marketing Group)的网站,channelmkt.com。
⊖ Christian Homburg, John Workman,and Ove Jensen, "Fundamental Changes in Marketing Organization: The Movement Toward a Customer-Focused Organizational Structure," *Academy of Marketing Science Journal*, Fall 2000, pp.459-478.

- 越来越强调重要客户及客户细分的管理
- 为主要客户配备团队
- 加强产品管理的战略导向
- 组织系统更重视客户

虽然这些策略变化超越了其职责范围，但产品经理仍需要参与相关决策。此外，产品经理需要为渠道提供持续支持，如产品资料等。分销决策的范围如图 12-1 所示。

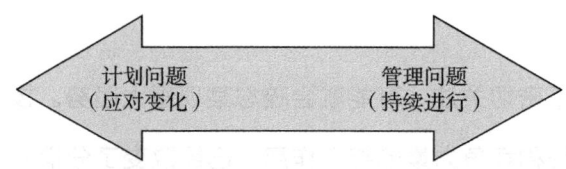

- 我们需要改变产品上市的方式吗？
- 我们应该改变、增加或删减中间商吗？
- 我们是否要重新分配制造商与其他成员之间的功能？
- 我们是否要调整分销合同？

- 我们如何激励渠道成员提高销量？
- 我们如何将营销目标与渠道目标更好地结合起来？
- 我们如何改善与渠道的沟通？
- 我们应如何提高渠道的效果？

图 12-1　分销问题的范围

产品经理是营销沟通活动的整合者，但通常不是分销渠道的整合者，尽管如此，他们仍要对渠道的效果负责。他们必须与销售人员或代理商一起执行产品营销计划。本章将分析提高渠道效果的部分策略匹配及策略支持问题。

## 策略匹配问题

戴尔电脑公司长期利用直接渠道来接触客户，是用电话或网络进行直销的领导者。后来，戴尔又在大型购物中心增设售货亭，作为接触客户的另一方式。接下来，由于通过交易商出售给小型企业的"白盒电脑"（通过不同供应商提供的部件拼装而成的无牌电脑）增长很快，也促使戴尔去评估这一渠道的可行性。因为很多小型企业基本上把当地经销商看作其信息技术（IT）部门，所以不太愿意直接购买。他们十分看重经销商所提供的培训、安装与维修服务及面对面的接触沟通。为了接触这一客户群，戴尔公司开始为美国经销商提供"无牌电脑"。○

其他企业也对渠道进行了战略调整。雅芳决定拓展直销渠道。○由于其传统渠道的客户平均年龄在缓慢增长，雅芳决定在彭尼（J.C.Penny）百货商店开设专柜，以接触更年轻的上班族客户群。雅芳新的零售渠道锁定 25～29 岁的年轻女性，而非 40～55 岁的传统客户。类似地，许多工业企业也通过网上订购来拓展传统的直销渠道或分销渠道。

渠道是企业与终端客户之间的"销售接触点"，图 12-2 列示了四个相关例子。有多种直销渠道（通过直销人员、电话、直邮、网络、直营店等来接触客户）和间接销售渠道（通过独立代表、分销商、经销商及零售商等来接触客户）。分析并了解现有渠道的结构及绩效，是提高渠道效率的第一步。

许多提供工业用品或服务的企业都需要直销人员，产品经理可能需要进行产品培训，激励销售人员向合适的客户销售特定的产品或系统。若使用直邮或网络，产品经理可能需要亲自撰写（或批准）给客户的销售信息。如果使用网络，产品经理应确定合适的目标，见表 12-1。

---

○ Gary McWilliams, "In About-Face, Dell Will Sell PCs to Dealers," *The Wall Street Journal*, August 20, 2002, p.B1.

○ Alicia Zappier, "Avon to Unveil New Cosmetics Line at Sears, Penney Beauty Centers," *Drug Store News*, October 30, 2000, p.39.

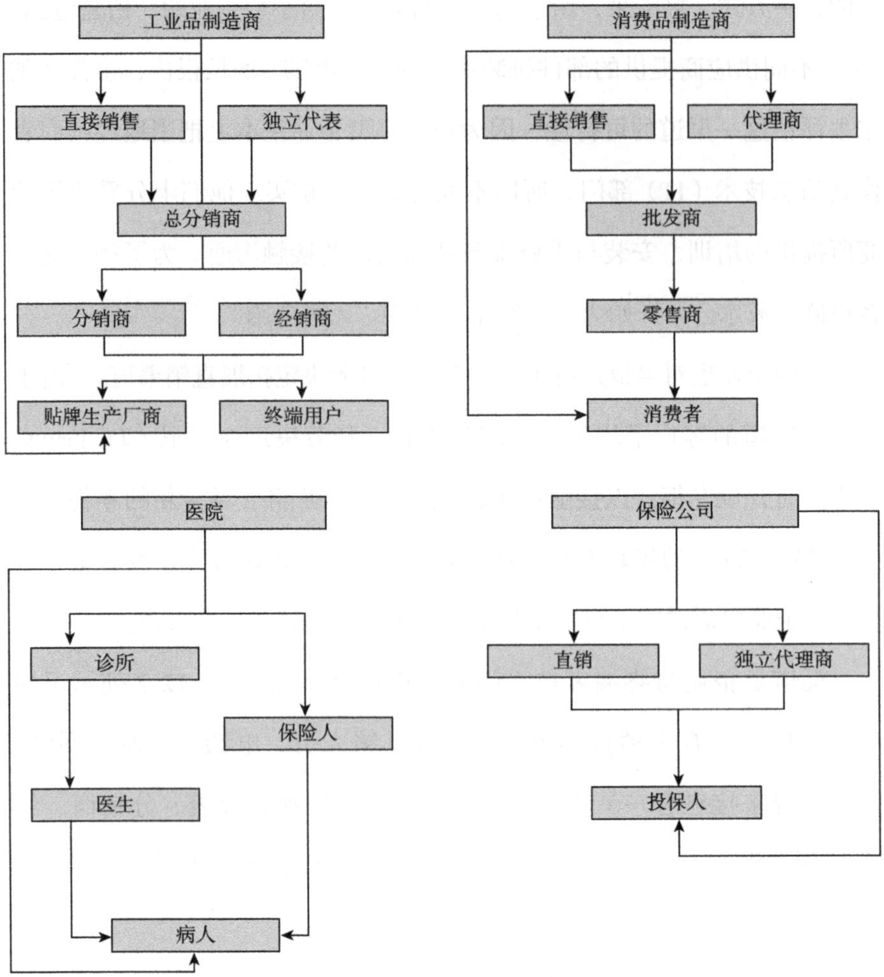

图 12-2　分销渠道示例

表 12-1　网络目标示例

- 企业或品牌定位
- 产生销售线索
- 处理销售业务
- 开发定制型产品
- 提供技术服务
- 建立客户忠诚度

产品经理也可能需要和间接销售渠道合作。制造商（或独立）销售代表是指企业的外部销售人员或机构，有时候也称为经纪人或代理商。这些人员或机构在企业中没有任何职位，只是把买卖双方拉到一起，其报酬是收取佣金。许多工业用品销售代表代理多家企业的非竞争性产品，但消费用品代表代理产品的情况则有所不同。分销商（或批发商）通常先购买产品，然后再转卖给没有存货的客户，其报酬是按照销售价格的一定比例提成。这些客户可能是经销商、整合者、制造商或终端用户。还有一些特殊类型的分销商，如增值经销商（VARs）和代理商等。

产品经理是客户的代表，应该密切关注目标客户（产品的终端用户）购买地点或方式的变化，并对保持竞争优势、品牌匹配及渠道冲突程度等方面进行综合考虑。

### 客户期望的购买地点和方式

在前面提到过的戴尔例子中，许多小型企业（尤其是内部没有IT部门的企业）喜欢向提供产品及相关服务的经销商购买电脑。这些客户中，有很多找不到令人满意的直接渠道。你的客户对现有渠道的满意程度如何？请思考下列问题：

- 你的目标客户是否喜欢一站式购买成套产品（或许也会从竞争对手那里购买）？如果是这样，说明可能需要中介机构，如分销商等。
- 他们是否期望无论什么时候都可以购买？

- 他们是否需要测试或演示产品？
- 他们是否想要符合其独特需求的定制产品？

要回答客户如何购买的问题（即购买方式），需要从终端用户着手（分销商、经销商、批发商和零售商既是客户，也是合作伙伴）。竞争对手如何接触终端客户？有没有以前没有使用过的新渠道？若你改变渠道，客户仍会使用吗？哪些客户会使用改变后的渠道？渠道与产品匹配吗？

### 维持竞争优势的能力

根据客户的喜好来制定渠道策略时，需要确定如何维持竞争优势。例如，如果间接渠道最能满足客户需求，竞争对手也很有可能会使用同一渠道。因此，在相当程度上，成功取决于激励渠道成员执行产品营销计划的能力。

有时候，维持竞争优势的最佳方法是采取混合渠道。例如，戴尔采用直销方式，惠普通过间接大众零售渠道销售，而捷威（Gateway）的分销渠道则处于两者之间。捷威的方法既可让客户定制电脑，也可让客户看到实体产品，并与销售人员面对面交流。沃尔沃通用重型卡车公司也建立了混合渠道。公司发现，虽然代理商能很好地预测客户定期维修的需求，但他们无法有效预测应急服务的需求。因此，沃尔沃在孟菲斯(Memphis)建立仓库，存储卡车的全套零件，并与联邦快递签订合同，让其处理必要的装运业务。⊖

---

⊖ James Narus and James Anderson, "Rethinking Distribution: Adaptive Channels," *Harvard Business Review*, July-August 1996, p.114.

在某些情况下，选择合适的中间商为目标客户提供合适的服务可产生竞争优势。如果你想"购买分销服务"，而不是"通过分销渠道销售"，就需要将关注的重心转移到最符合客户需求的服务类型上。若客户想看到实体产品，就需要配有展示厅的渠道；若客户想要迅速、方便地购买产品并随身带走，就需要有众多网点的渠道；若客户想要送货上门并安装到位，就需要提供此类服务的相应渠道。

一旦确定了对渠道的要求，就需要考虑如何以最有效的方式满足这些要求。企业可以（或应该）提供哪些服务？中间商可以（应该）提供什么服务？即使你确定用分销渠道（如分销商）来提供服务是最有成本效益的，企业也要监控服务质量，避免对品牌资产造成伤害。切记，成本效益并不一定等同于长期利润。

### 品牌匹配

中间商的种类，甚或某个具体的经销商，都会对品牌资产产生正面或负面的影响。技术支持是否充分？客户服务是否到位？经销商的品牌形象与你的品牌定位是否一致？耐克推出新款鞋子时，为了保持时尚的形象，通常是通过类似耐克城之类的商店销售的，而旧款鞋则通过折扣商店出售。20世纪90年代，胡菲（Huffy）推出新款越野运动自行车（Cross Sport bike）时就发现了不当渠道的危害。

> 胡菲公司是一家成功的自行车制造商，营业额高达7亿美元。在推出一款名为"越野运动自行车"之前，公司做了认真的营销研究，综合了深受青少年欢迎的山地自行车和赛车轻便敏捷的优点。在全美各大型购物中心，胡菲公司分

别举办了两个不同系列的市场焦点小组讨论会，随机挑选了一些儿童和成人来观看不同的自行车，并对自行车进行排序。这批自行车得到了购物者的肯定。看来一切似乎很好。然后，在1991年夏天，公司将越野运动自行车运到大型零售商店销售，如凯马特（the Kmart）和玩具反斗城（Toys R Us）连锁店等，胡菲的大多数自行车在这些连锁店销售。然而，问题就在这里。胡菲总裁兼首席执行官理查德 L. 莫伦（Richard L. Molen）解释公司的失误时认为，研究者疏忽了一个关键信息：这些特殊的混合型自行车是针对成人开发的，159美元的价格也比其他自行车贵15%，需要自行车专卖店的专业销售人员的特别推介。然而，胡菲却让凯马特之类的大型零售商店的普通销售人员来负责销售。莫伦说："这一错误的代价是500万美元。"到1992年，越野运动自行车的产量削减了7%，利润也下降了30%。㊀

产品经理还需要考虑其他品牌问题。如何确定渠道合作伙伴？是否为他们提供展示隶属关系的商标？使用商标是否有具体的要求？使用你的品牌对合作伙伴是否有利？你能否从合作品牌关系中受益？回答这些问题非常重要，因为品牌发展是产品经理的责任。

## 渠道冲突

企业若有多种进入市场的途径，那么就会有渠道冲突的可能。有些经销商可能会怨恨以更低价位提供给相同客户的其他渠道成员。因

---

㊀ Christopher Power, "Flops," *Business Week*, August 16, 1993, p.79.

此，企业需要采取多种策略尽力降低冲突的可能性。一种方法是给不同的渠道提供不同版本的产品，类似于前面提到的耐克例子。另一种方法是根据客户类型来隔离渠道。例如，由某一渠道负责医院，而另一渠道则专注于工业企业。还有一种方法针对的是可能发生在企业直销人员和独立销售人员之间的冲突，由企业销售人员独立负责某些重要客户，如果需要渠道的后续支持工作，那么就要对渠道进行适当的补偿。

> **思考要点**
>
> 什么样的渠道变化能够提高产品接触目标客户的能力？
> ▶ 现有的渠道结构可以接触到多大比例的目标市场？覆盖面中存在哪些缺陷？
> ▶ 我有没有按照客户想要的购买方式出售？
> ▶ 现有渠道有没有竞争优势？是否与产品品牌匹配？能否减少不必要的冲突？
> ▶ 通过支持现有渠道成员的活动，能提高销售额和利润吗？

## 持续支持

一旦确定了合适的渠道结构，对销售活动进行持续性支持也很重要。许多企业不知道经销商需要什么，或需要提供哪类营销支持。产品经理和企业中的其他营销人员需要先评估渠道合作伙伴的需要。你是否需要对产品的销售访问提供帮助？是否需要其他的激励因素？需要什么营销沟通工具？

大多数工业用品企业的产品经理和越来越多的消费品产品经理，会参加面向渠道经销商的团队销售活动。这就需要对基本销售过程有所了解，主要需要的是倾听、探究和转换能力。越来越多的销售人员和培训人员强调倾听消费者的时间应远超过倾诉的时间。多倾听产品或服务相关的需求，并进行进一步地明确的探究。可以考虑采用新闻工作者收集信息的方法：谁、什么、何时、何地、为何及如何。

- 谁（who）是产品的现有和潜在客户？谁是影响者和决策者？
- 他们想解决什么问题（what problems）？什么用途需要不同的产品使用方式？他们会考虑别的什么产品？
- 他们在何时（when）确定有这样的需要？何时决定购买？
- 他们在何地 (where)（具体地点）使用、安装、存放产品？过去他们在哪里购买这一类产品？
- 他们为何 (why) 在这时候考虑购买？
- 如何 (how) 使用产品？

销售团队一旦回答了这些问题，产品经理就可以将产品特色和属性适当地转换为产品利益和解决方案。有些产品特色可能和某一特定客户有关，而有些则不然。类似地，有些问题可能需要创造性地分析产品特色和辅助性服务。

除了参与团队销售，产品经理还需要参与制订渠道营销支持计划。这包括激励因素（见表 12-2）和营销沟通活动。

有几种适合渠道的折扣类型：数量折扣、功能性折扣和长期折扣。数量折扣适合需要密集分销的普通商品，但需要注意的是，数量折扣是激励分销商购买产品，而不是销售产品。功能性折扣是给提供特定服务的渠道成员的费用，有时也称"活动补贴"。功能性折扣适合产品需要特定支持性服务（如展示厅、安装服务等）才能有效打开市场的情况。长期折扣则力图与渠道成员建立紧密联系，如统一价格（在高低价格波动中（如能源传输）取得均值），或保证某段时间内不会提高价格，等等。

表 12-2　渠道激励因素

- 折扣
- 促销活动
- 保证
- 促销奖金（spiffs）
- 推广资金

**促销活动**是指试图在短期内刺激销售的活动。例如，可用比赛来刺激推介新产品的兴奋感。因为经销商的价值观不同，奖项的选择可能会比较困难。一些企业采用"自助式激励方案"，允许渠道成员选择各自喜欢的奖项。奖项可能包括免费或部分报销的培训、额外的广告津贴、更多的合作广告、旅游和现金。

有时候，对终端用户承诺的**保证**有利于分销商销售产品，如延长新产品的保修期等都是很有效的。**促销奖金**是给经销商的销售人员的额外报酬，是对他们推销你的产品而非竞争产品的一种奖励。然而，需要注意的是，不要因此把产品卖给不合适的客户，因为那样会损害长期的品牌资产。

**推广资金**（promotional funds）通常包括推广津贴和合作广告宣传经费。推广津贴是指为赞助经销商的营销活动所支付的回扣或款项。合作广告宣传经费是指分销渠道成员为你的产品所做广告的费用。两者都按照产品销售的一定比例提取。

产品经理可能还要向分销渠道成员或通过分销渠道成员向终端客户提供促销材料（见表12-3）。给渠道成员的相关材料应强调其能够得到的利益，如加快货物流通、容易成交或更高的利润等。通过渠道成员提供给终端客户的材料，应把重心放在终端客户的利益上。此类"转交"资料应让分销商和代理商能灵活处理，可把他们自己的宣传联系信息结合进去，并提供给客户。有时候，最简单的方法是为渠道提供可以迅速更新的模板。即使中间商是医生、承包商或其他渠道成员，也应如此。转交材料可包括预印的直邮广告邮件、资料包、广告传单、产品目录、产品说明书、录像、公告和光盘等。无论在哪种情况下，产品经理都应考虑品牌形象的指导原则，并加以恰当地运用。

表 12-3　给渠道的营销支持

**提供转交材料**
- 广告传单、产品目录、录像、公告、光盘

**设计直复营销活动**
- 传单、邮寄广告名单更新

**增加企业推广活动**
- 网站、新闻稿、全国性广告、公关活动

**鼓励分销商促销**
- 合作项目、黄页、客户研讨会、商业展览、开放参观

**教育**
- 交易建议、购买点展示、广告基本诉求、沟通政策、业务通讯

产品经理可能还需要在其他方面协助渠道成员改进营销沟通活动。他们可能需要加强本企业创建品牌资产的推广活动，加强客户对渠道的拉力。这在渠道积极性不高、新客户的拉力能激发渠道兴趣时尤为重要。例如，全国性广告、公关活动，参加商业展览、发布新闻稿及网页信息等，都能激励客户通过渠道购买产品或服务。对某些类

型的产品而言，向渠道成员传授广告的基本诉求、交易方法、购买点展示、交叉销售的机会、沟通政策等，都能提高业绩。

在所有沟通活动中都应考虑合适的品牌置入（brand placement）策略。在广告、辅销材料或商业展览中是否要使用你的或经销商的注册商标？但太多的品牌标志会使现有和潜在客户产生混淆。因此，产品经理需要评估的是，对目标客户和整体效果而言，最合适的方法是什么。

### 思考要点

我能给渠道成员提供什么策略支持来提高产品的销量、利润及品牌资产？

▶ 我是否评估了渠道在产品营销支持方面的需求？

▶ 在将产品特色和属性与客户的需求相结合方面还可以有何改进？

▶ 在激励渠道成员方面可以作何改进？

▶ 我提供的推广材料与辅销资料，渠道成员使用方便吗？容易接受吗？

▶ 我是否建立了适当的品牌程序，把通过渠道提供给客户的信息统一起来？

### 关键要素

▶ 密切关注客户购买产品方式的变化。

▶ 探索产品进入市场的创新途径。

▶ 确定分销渠道的变化能否增强竞争优势。

- ▶ 在整个渠道中控制品牌资产。
- ▶ 通过不同渠道提供不同版本的产品来减少渠道冲突。
- ▶ 采取适当措施激励渠道,尤其是新产品。
- ▶ 为经销商提供可更新的沟通模板,使之能够根据需要迅速方便地加以灵活运用。

## 上市清单

**策略匹配**

| | | |
|---|---|---|
| 现有渠道是否能帮你实现长期目标? | 是 | 否 |
| 你是否仔细考虑过客户喜欢的购买地点和方式? | 是 | 否 |
| 利用现有渠道,你是否能保持竞争优势? | 是 | 否 |
| 现有渠道是否能够提高品牌资产? | 是 | 否 |
| 你是否修改了营销方案来减少渠道冲突? | 是 | 否 |

**策略支持**

你是否能够支持渠道销售人员进行有效的团队销售?
　　　　　　　　　　　　　　　　　　　　　　　是　否

| | | |
|---|---|---|
| 你是否给渠道成员提供了充足的激励因素? | 是 | 否 |
| 你是否制定了对渠道及通过渠道进行的促销策略? | 是 | 否 |

你是否对"推式策略"和"拉式策略"进行了平衡?
　　　　　　　　　　　　　　　　　　　　　　　是　否

你是否在整个渠道中统一使用了合适的品牌标志?
　　　　　　　　　　　　　　　　　　　　　　　是　否

## 最新版
# "日本经营之圣"稻盛和夫经营学系列
### 任正非、张瑞敏、孙正义、俞敏洪、陈春花、杨国安 联袂推荐

| 序号 | 书号 | 书名 | 作者 |
| --- | --- | --- | --- |
| 1 | 9787111635574 | 干法 | 【日】稻盛和夫 |
| 2 | 9787111590095 | 干法(口袋版) | 【日】稻盛和夫 |
| 3 | 9787111599531 | 干法(图解版) | 【日】稻盛和夫 |
| 4 | 9787111498247 | 干法(精装) | 【日】稻盛和夫 |
| 5 | 9787111470250 | 领导者的资质 | 【日】稻盛和夫 |
| 6 | 9787111634386 | 领导者的资质(口袋版) | 【日】稻盛和夫 |
| 7 | 9787111502197 | 阿米巴经营(实战篇) | 【日】森田直行 |
| 8 | 9787111489146 | 调动员工积极性的七个关键 | 【日】稻盛和夫 |
| 9 | 9787111546382 | 敬天爱人:从零开始的挑战 | 【日】稻盛和夫 |
| 10 | 9787111542964 | 匠人匠心:愚直的坚持 | 【日】稻盛和夫 山中伸弥 |
| 11 | 9787111572121 | 稻盛和夫谈经营:创造高收益与商业拓展 | 【日】稻盛和夫 |
| 12 | 9787111572138 | 稻盛和夫谈经营:人才培养与企业传承 | 【日】稻盛和夫 |
| 13 | 9787111590934 | 稻盛和夫经营学 | 【日】稻盛和夫 |
| 14 | 9787111631576 | 稻盛和夫经营学(口袋版) | 【日】稻盛和夫 |
| 15 | 9787111596363 | 稻盛和夫哲学精要 | 【日】稻盛和夫 |
| 16 | 9787111593034 | 稻盛哲学为什么激励人:擅用脑科学,带出好团队 | 【日】岩崎一郎 |
| 17 | 9787111510215 | 拯救人类的哲学 | 【日】稻盛和夫 梅原猛 |
| 18 | 9787111642619 | 六项精进实践 | 【日】村田忠嗣 |
| 19 | 9787111616856 | 经营十二条实践 | 【日】村田忠嗣 |
| 20 | 9787111679622 | 会计七原则实践 | 【日】村田忠嗣 |
| 21 | 9787111666547 | 信任员工:用爱经营,构筑信赖的伙伴关系 | 【日】宫田博文 |
| 22 | 9787111639992 | 与万物共生:低碳社会的发展观 | 【日】稻盛和夫 |
| 23 | 9787111660767 | 与自然和谐:低碳社会的环境观 | 【日】稻盛和夫 |
| 24 | 9787111705710 | 稻盛和夫如是说 | 【日】稻盛和夫 |

# 财务知识轻松学

| 书号 | 定价 | 书名 | 作者 | 特点 |
|---|---|---|---|---|
| 45115 | 39 | IPO财务透视：方法、重点和案例 | 叶金福 | 大华会计师事务所合伙人经验作品，书中最大的特点就是干货多 |
| 58925 | 49 | 从报表看舞弊：财务报表分析与风险识别 | 叶金福 | 从财务舞弊和盈余管理的角度，融合工作实务中的体会、总结和思考，提供全新的报表分析思维和方法，黄世忠、夏草、梁春、苗润生、徐珊推荐阅读 |
| 62368 | 79 | 一本书看透股权架构 | 李利威 | 126张股权结构图，9种可套用架构模型；挖出38个节税的点，避开95个法律的坑；蚂蚁金服、小米、华谊兄弟等30个真实案例 |
| 70557 | 89 | 一本书看透股权节税 | 李利威 | 零基础50个案例搞定股权税收 |
| 52074 | 39 | 财报粉饰面对面 | 夏草 | 夏草作品，带你识别财报风险 |
| 62606 | 79 | 财务诡计（原书第4版） | （美）施利特 等 | 畅销25年，告诉你如何通过财务报告发现会计造假和欺诈 |
| 58202 | 35 | 上市公司财务报表解读：从入门到精通（第3版） | 景小勇 | 以万科公司财报为例，详细介绍分析财报必须了解的各项基本财务知识 |
| 67215 | 89 | 财务报表分析与股票估值（第2版） | 郭永清 | 源自上海国家会计学院内部讲义，估值方法经过资本市场验证 |
| 58302 | 49 | 财务报表解读：教你快速学会分析一家公司 | 续芹 | 26家国内外上市公司财报分析案例，17家相关竞争对手、同行业分析，遍及教育、房地产等20个行业；通俗易懂，有趣有用 |
| 67559 | 79 | 500强企业财务分析实务（第2版） | 李燕翔 | 作者将其在外企工作期间积攒下的财务分析方法倾囊而授，被业界称为最实用的管理会计书 |
| 67063 | 89 | 财务报表阅读与信贷分析实务（第2版） | 崔宏 | 重点介绍商业银行授信风险管理工作中如何使用和分析财务信息 |
| 58308 | 69 | 一本书看透信贷：信贷业务全流程深度剖析 | 何华平 | 作者长期从事信贷管理与风险模型开发，大量一手从业经验，结合法规、理论和实操融会贯通讲解 |
| 55845 | 68 | 内部审计工作法 | 谭丽丽 等 | 8家知名企业内部审计部长联手分享，从思维到方法，一手经验，全面展现 |
| 62193 | 49 | 财务分析：挖掘数字背后的商业价值 | 吴坚 | 著名外企财务总监的工作日志和思考笔记；财务分析视角侧重于为管理决策提供支持；提供财务管理和分析决策工具 |
| 66825 | 69 | 利润的12个定律 | 史永翔 | 15个行业冠军企业，亲身分享利润创造过程；带你重新理解客户、产品和销售方式 |
| 60011 | 79 | 一本书看透IPO | 沈春晖 | 全面解析A股上市的操作和流程；大量方法、步骤和案例 |
| 65858 | 79 | 投行十讲 | 沈春晖 | 20年的投行老兵，带你透彻了解"投行是什么"和"怎么干投行"；权威讲解注册制、新证券法对投行的影响 |
| 68421 | 59 | 商学院学不到的66个财务真相 | 田茂永 | 萃取100多位财务总监经验 |
| 68080 | 79 | 中小企业融资：案例与实务指引 | 吴瑕 | 畅销10年，帮助了众多企业；有效融资的思路、方略和技巧；从实务层面，帮助中小企业解决融资难、融资贵问题 |
| 68640 | 79 | 规则：用规则的确定性应对结果的不确定性 | 龙波 | 华为21位前高管一手经验首次集中分享；从文化到组织，从流程到战略，让不确定变得可确定 |
| 69051 | 79 | 华为财经密码 | 杨爱国 等 | 揭示华为财经管理的核心思想和商业逻辑 |
| 68916 | 99 | 企业内部控制从懂到用 | 冯萌 等 | 完备的理论框架及丰富的现实案例，展示企业实操经验教训，提出切实解决方案 |
| 70094 | 129 | 李若山谈独立董事：对外懂事，对内独立 | 李若山 | 作者获评2010年度上市公司优秀独立董事；9个案例深度复盘独董工作要领，既有怎样发挥独董价值的系统思考，又有独董如何自我保护的实践经验 |
| 70738 | 79 | 财务智慧：如何理解数字的真正含义（原书第2版） | （美）伯曼 等 | 畅销15年，经典名著；4个维度，带你学会用财务术语交流，对财务数据提问，将财务信息用于工作 |